# L'entonnoir de la vie

Joël Carobolante

# L'entonnoir de la vie

© 2023 Joël Carobolante

Édition : BoD – Books on Demand, info@bod.fr
Impression : BoD – Books on Demand, In de Tarpen 42,
Norderstedt (Allemagne)

Impression à la demande

ISBN : 978-2-3224-8652-6
Dépôt légal : juillet 2023

*À l'entonnoir de la vie*

# I

## Introduction

L'entonnoir de la vie ? Pourquoi ce titre ?

Pourquoi, en quoi, comment la vie serait-elle un entonnoir ?

Tout le monde sait ce qu'est un entonnoir : un ustensile en forme de cône utilisé pour transvaser des liquides. Grâce à l'entonnoir, les liquides peuvent être facilement et proprement transvasés d'un récipient à un autre, parce que l'entonnoir a une grande ouverture pour les recevoir, et une petite en forme de tuyau pour les canaliser vers leur nouvelle destination.

Par sa forme et par l'usage qui en est fait, l'entonnoir peut être une analogie de la vie elle-même, et notamment de la vie humaine.

Au départ, les possibilités que chacun a dans la vie sont grandes, même si elles ne sont pas illimitées. Tous les entonnoirs ne sont pas non plus de la même taille. Les chances ne sont pas égales pour tous. Un enfant d'une famille pauvre a ainsi devant lui un avenir moins ouvert qu'un enfant d'une famille riche. Mais pour tous, plus les années passent, plus les perspectives se rétrécissent avec l'âge, comme l'on passe de la grande ouverture de l'entonnoir vers la plus petite et, au final, au bout c'est le trou : la mort.

La vie : un entonnoir qui finit en trou noir.

Vrai ou faux ?

Les deux !

Il est vrai que plus les années passent, plus les jeux semblent faits. Quand on s'installe dans la vie, la vie devient routine. Chacun est pris par ses engagements professionnels, familiaux ou sociaux, ses relations, voire ses crédits immobiliers ou autres, tous ses choix de vie dont il est difficile de sortir. Chacun est comme prisonnier de la vie elle-même, de sa propre vie. L'horizon des possibles semble se rétrécir sans cesse. En outre, plus on vieillit, plus le corps humain impose ses limites et, à la fin, l'issue ne peut être que fatale, au cimetière ou au crématorium.

Cependant, l'analogie avec l'entonnoir n'est pas entièrement exacte. À la naissance, l'horizon des possibles est, en fait, quasi nul. Un bébé ne peut guère que dormir et s'alimenter. Ce n'est qu'après plusieurs mois qu'il peut marcher et parler, découvrir son petit univers et commencer à s'exprimer, à s'imposer au monde. Son horizon des possibles ne cesse de s'élargir, jusqu'à l'âge adulte. Ce n'est que lors de celui-ci que son horizon des possibles s'inverse et se rétrécit. Encore cela dépend-il des personnes et des circonstances, ce n'est pas une fatalité. À tout âge, il est possible d'élargir son horizon, d'une façon ou d'une autre. Certains peuvent avoir la chance d'élargir leur horizon jusqu'au bout de leur vie, ou presque. Même si, à la fin, le trou de l'entonnoir est la seule issue.

En outre, au cours des années, si à cause de nos engagements volontaires ou subis, notre liberté d'agir peut sembler de plus en plus limitée, on peut par contre élargir notre liberté intérieure en combattant nos croyances erronées, nos préjugés, et toutes les pensées et attitudes néfastes qui nuisent à notre bien-être et à celui des autres.

En somme, si l'entonnoir va bien vers un trou noir, rien n'interdit ou n'empêche de refuser de se laisser aller vers lui. Ce n'est pas parce que la pente est glissante qu'il faut forcément glisser. L'image de l'entonnoir ne doit donc pas être vue de façon forcément négative. Au lieu de se laisser glisser, on peut toujours lutter pour remonter la pente et élargir son horizon. Là est d'ailleurs le sens de la vie, dans cette lutte contre le laisser-aller, le laisser-mourir, sans but et sans espoir d'en sortir, dans cette lutte pour retarder le plus possible l'échéance fatale.

Du reste, l'analogie de l'entonnoir est utilisée en matière de vente de façon positive, en tant que méthode pour inciter un acheteur potentiel à passer à l'acte. On appelle cela l'entonnoir de vente, qui comporte plusieurs étapes : faire découvrir le produit, susciter l'intérêt pour celui-ci, puis la décision d'achat et la fidélisation du nouveau client. Mais on parle aussi de questionnaire en entonnoir s'il s'agit de manipuler un interlocuteur pour l'amener à adopter un point de vue et une conclusion. Au Parlement, la règle dite de l'entonnoir vise à restreindre la discussion sur les dispositions encore en question, en excluant les dispositions déjà adoptées ou rejetées. Dans tous les cas, tout est canalisé vers le bout de l'entonnoir, son fameux trou. Un trou noir, a-t-on dit. Mais pourquoi un trou noir ?

En astrophysique, un trou noir est un objet céleste tellement compact que l'intensité de son champ gravitationnel empêche toute matière et tout rayonnement, toute lumière, de s'en échapper. Un trou noir est donc invisible.

La fin de l'entonnoir n'est certes pas un trou noir, mais un simple trou, bien visible, lui. Quant à la vie, elle se termine souvent dans un trou creusé dans la terre, aménagé en tombe. C'est moins spectaculaire que le trou noir de l'astrophysique, mais on peut quand même le qualifier de noir, ne serait-ce que pour la rime avec entonnoir, et parce que la couleur noire est assimilée au deuil en Occident.

Mais tout s'arrête-t-il vraiment avec la mort ?

D'une certaine façon, non. La vie continue toujours. Les atomes du défunt poursuivent la vie dans d'autres corps, humains ou non. L'image du défunt lui survit même en cheminant dans l'espace. Peut-être des extraterrestres, ou des terriens ayant émigré sur une autre planète, la verront-ils un jour. En outre, dans le monde quantique, l'information ne disparaît pas : c'est encore une autre façon de survivre. Et un trou noir retient tout, toute l'information de tout ce qui a été englouti par lui.

Mais tout cela reste bien abstrait quand on est confronté à la mort d'un proche. Dans ce cas, la mort reste la mort, sans espoir d'un au revoir, à moins d'en avoir la foi, mais la foi n'a aucune garantie contractuelle, et n'est pas de nature scientifique. Elle défie plutôt les probabilités, voire, si l'on ne croit pas, le simple bon sens.

Le trou de l'entonnoir peut donc nous paraître bien sombre, bien noir. Ce serait oublier qu'avant, il y a la vie, et que la vie est pleine de surprises de toutes sortes, de multiples entonnoirs. De multiples chemins variés qui convergent à chaque fois vers une seule issue. Cela montre que notre présent eût pu être différent, mais qu'une fois que les évènements qui l'ont précédé se sont enchaînés, il ne pouvait plus l'être. Le présent n'est alors plus qu'à accepter : c'est toute la philosophie de l'entonnoir. Ce qui n'empêche pas d'essayer de le changer, s'il est encore possible de remonter sa pente glissante.

Dans les temps anciens, chez les alchimistes, l'entonnoir représentait l'acquisition de la connaissance. Renversé, le tuyau en haut, il représentait au contraire l'ignorance, la tromperie et la déraison, c'est pourquoi les fous sont parfois dessinés avec un entonnoir renversé sur la tête. L'entonnoir était aussi un moyen de torture : on l'enfonçait dans la gorge du supplicié, puis on y versait un liquide. L'estomac de la victime se dilatait et compressait ses poumons, causant ainsi un début d'asphyxie dans d'horribles souffrances. Pas très gai que tout cela ! Alors, laissons choir l'entonnoir, et jouons aux cartes !

Plaît-il ?

Oui, aux cartes ! Pourquoi pas ? Et plus particulièrement au jeu des sept familles. Car grâce à ce jeu, nous allons pouvoir découvrir l'entonnoir de la vie en action. Mais qui a dit que la vie était un jeu ? Elle ne l'est pas particulièrement, elle oscille plutôt entre la comédie et la tragédie. En tout cas, elle se termine toujours mal (le trou de l'entonnoir, la mort !). Mais la famille, est-elle un entonnoir ? Non, c'est plutôt chaque individu qui la compose qui est un entonnoir.

En effet, nous sommes l'aboutissement de tous nos ancêtres. Ils sont tous entrés dans l'entonnoir qui a conduit jusqu'à nous – un entonnoir pour chaque personne qui existe. Cela fait énormément de personnes pour finir jusqu'à nous. Elles sont toutes entrées dans l'entonnoir par sa grande ouverture. Chacun d'entre nous est alors tout au bout de la petite ouverture. Mais si nous avons une descendance qui en a une à son tour, et ainsi de suite, c'est un autre entonnoir qui se crée, un entonnoir inversé dont la grande ouverture est en bas. Cet entonnoir prolonge le précédent, et la vie se poursuit ainsi d'un entonnoir à l'autre.

Le jeu des sept familles nous plonge dans ce monde d'entonnoirs. Mais nous allons simplifier quelque peu le jeu ! Sept familles, ce serait en effet beaucoup trop ! Nous n'allons retenir que deux familles, appelées ici les Bortoluzzi et les Moreno. Ces familles sont inspirées de familles réelles. Elles racontent l'histoire de la France et du monde, du XIX$^e$ siècle à nous jours. Elles permettent de comprendre les mentalités de leur époque, leur évolution et la vie elle-même. Elles permettent de comprendre l'entonnoir de la vie.

Dans le jeu traditionnel, chaque famille se compose de six personnes : le grand-père (appelé aussi l'aïeul), la grand-mère (appelée aussi l'aïeule), le père, la mère, le fils et la fille. Sauf que la réalité n'est pas aussi simple ! Une personne a un père et une mère, soit deux parents, issus de deux familles. Chacun d'eux a eu aussi deux parents, ce qui donne quatre grands-parents. Dans notre nouveau jeu, nous aurons donc une carte pour chaque grand-parent, soit quatre cartes, plus deux cartes pour les parents, et la carte pour l'enfant – nous n'en retiendrons qu'un par famille, un fils pour l'une, une fille pour l'autre. Chaque famille a alors sept cartes. Le jeu des sept familles devient alors le jeu des deux familles à sept cartes chacune, soit quatorze cartes en tout. La règle du jeu doit être adaptée pour jouer avec seulement deux familles : par exemple, après avoir créé les cartes, chaque joueur en prend trois, et toutes les autres cartes constituent la pioche. Dans celle-ci, il faut ajouter des cartes blanches – sans rien. Plus il y aura de cartes blanches, plus le jeu pourra se prolonger. Celui qui gagne une famille doit ensuite lire tout ce qui se rapporte sur elle dans ce livre. Désolé !

Êtes-vous prêts à jouer ? Avant de jouer au jeu des deux familles, il faut cependant, pour plus de clarté, préciser qui est qui. Le plus simple, pour les deux familles de notre jeu, est de prendre un des petits-enfants comme point de référence pour définir les liens de filiation. Les deux pages suivantes vous les présentent.

## Famille BORTOLUZZI

Pour la famille Bortoluzzi, le point de référence sera Jean Bortoluzzi – l'enfant, dans notre jeu.

Ses parents étaient Giovanni Bortoluzzi et Teresa Pezzuti.

Ses grands-parents paternels, les parents de Giovanni Bortoluzzi, étaient Candido Bortoluzzi et Guiseppina Somera.

Ses grands-parents maternels, les parents de Teresa Pezzuti, étaient Alessandro Pezzuti et Catterina Martino.

Cela fait donc sept cartes pour la famille Bortoluzzi.

## Famille MORENO

Passons maintenant à la famille Moreno.

Comme point de référence pour les liens de filiation, nous prendrons Marie Moreno – l'enfant, dans notre jeu.

Ses parents étaient Juan Moreno et Rachel Calvo.

Ses grands-parents paternels, les parents de Juan Moreno, étaient Antonio Moreno et Carmen Castro.

Ses grands-parents maternels, les parents de Rachel Calvo, étaient Benjamin Calvo et Judith Attias.

Cela fait donc au final sept personnes qui se retrouvent englobées sous le nom de Bortoluzzi et sept autres sous le nom de Moreno. Nous les présenterons en partant des grands-parents, puis viendront les parents, et enfin le fils ou la fille.

Notre jeu se compose ainsi d'au moins quatorze cartes, plus les cartes blanches ajoutées dans la pioche. Qu'il y ait deux ou trois joueurs, chacun ne prend que trois cartes. Chaque joueur demande une carte à un autre. S'il reçoit la carte demandée, il rejoue. Sinon, il pioche. Si la pioche est bonne, il rejoue, et ainsi de suite.

Alors, jouons !

« Dans la famille Bortoluzzi, je demande... »

Notons cependant au passage que chaque nom de famille – Bortoluzzi ou Moreno – englobe en fait d'autres familles. La famille Bortoluzzi englobe ainsi les Somera, Pezzuti et Martino. La famille Moreno englobe aussi les Castro, Calvo et Attias.

Les enfants en bout de ligne – Jean Bortoluzzi et Marie Moreno – n'ont au final du grand-parent dont ils portent le nom – Candido Bortoluzzi et Antonio Moreno – qu'un quart de leur patrimoine génétique. Et un huitième de celui du père de Candido et d'Antonio. Puis un seizième pour la génération antérieure, et ainsi de suite.

Comme quoi le nom que l'on porte ne représente au final que fort peu qui nous sommes. Notre patrimoine génétique est beaucoup plus grand et varié. Il englobe, en fait, de multiples familles. C'est pourquoi, au final, nous sommes tous de lointains cousins.

## II

### Famille Bortoluzzi :
### le grand-père paternel

Mi chiamo Candido Bertoluzzi e sono nato a Santa Maria di Feletto, nel Veneto nel 1871.

Mi scusi ! J'oubliais que ce livre est en français ! Adieu l'italien ! Tant pis ! Encore faut-il rappeler que dans ma région, on parlait alors un dialecte qui n'était pas de l'italien académique. Mais passons ! De toute façon, je pense que vous avez compris que je suis originaire d'un village de Vénétie, au nord de Venise. À l'époque, ce n'était pas comme maintenant. La région était très pauvre et, pour les pauvres, il était même difficile de manger à sa faim. C'était toute une vie de misère, difficile à imaginer pour vous qui vivez beaucoup plus tard, dans une société d'opulence. Pensez ! Il y a même maintenant un restaurant Mac Donald's du côté de Cordignano, non loin de là ! Comme le monde a changé ! La polenta n'y est même pas au menu !

Comment le sais-je, moi qui suis né en 1871 ? Rassurez-vous, je ne prétends pas être encore en vie ! En fait, je suis mort en 1946. Je mourus cette année-là tout à fait normalement, comme on meurt toujours, pour une cause ou une autre. Mais pourquoi ne vous parlerais-je pas quand même ? Non pas d'outre-tombe, mais simplement par la magie de la fiction, ou plutôt de votre propre imagination. Car ne l'oubliez pas, vous êtes là avec votre carte, marquée « Famille Bortoluzzi, le grand-père paternel ». Et vous êtes là à vous imaginer tout ce qu'il a pu vivre, ce grand-père. Je ne suis qu'une carte qui vit grâce à vous.

Quand le bruit se répandit que le gouvernement du Brésil, un pays jeune et fertile, offrait du travail à ceux qui viendraient travailler ses terres, cela tomba donc en Italie comme la pluie après la sécheresse. Le Brésil, l'Amérique, la terre promise ! En tant qu'Italiens, on avait certes entendu parler de l'Amérique, des États-Unis et de l'Argentine. Et maintenant, il y avait aussi le Brésil ! Et, de plus, les autorités brésiliennes payaient le voyage jusqu'à Santos, dans l'État de São Paulo, puis même jusqu'aux « fazendas » (des grandes propriétés agricoles), et cela pour toutes les familles de paysans européens ! C'est que la production de café avait besoin de beaucoup de bras ! Tous étaient les bienvenus ! La chasse aux bras faisait l'objet d'un véritable commerce, avec son agence de propagande pour attirer du monde, et des contrats passés avec des entreprises pour assurer le transport et l'emploi. Le succès fut tel que, il y a à peu près un siècle, la ville de São Paulo était composée presque pour moitié d'Italiens et de descendants d'Italiens.

En 1897, ma famille et moi, nous embarquâmes donc pour le Brésil. Il y avait là mes parents, mes frères et sœurs, mon épouse et d'autres personnes que nous connaissions, outre d'innombrables inconnus. Le voyage fut long, interminable : de Gênes à Santos, il fallait à l'époque compter autour d'un mois. Cela n'avait rien à voir avec vos bateaux de croisière actuels, ni même avec le Titanic, pourtant à peine plus jeune, puisque ce dernier fit son premier et dernier voyage en 1912. Autrement dit, le mal de mer eut le temps de faire son effet, et de nombreux émigrants eurent l'occasion d'en souffrir ou de tomber malades. Je me rappelle aussi d'un enfant qui était tout couvert de boutons. Sa mère essayait de le cacher, pour éviter d'avoir des problèmes, dans le cas où des passagers ou les autorités du bateau auraient soupçonné quelque maladie contagieuse.

J'avais vingt-six ans, et j'étais marié depuis peu à Giuseppina Somera, une brave et jolie fille d'un village voisin, qui était d'une famille pas plus riche que la mienne. Pour elle, il s'agissait de quitter à la fois son pays et sa famille, puisque personne de celle-ci n'avait voulu tenter l'aventure brésilienne. Car c'était bien une aventure : on y croyait, on voulait, on espérait un avenir meilleur, mais que le chemin était compliqué et plein d'incertitudes et de craintes ! Oui, il en fallait du courage pour quitter ainsi son monde pour un autre ! Nous, les Bortoluzzi, on avait encore la chance de partir en famille, ce qui nous permettait de nous soutenir mutuellement, mais Giuseppina, elle, elle n'avait guère que moi ! Une brave fille, oui ! Prête à tout abandonner pour nous suivre, ma famille et moi.

En Italie, nous avions trimé sur la terre des autres. On racontait alors qu'au Brésil, on pourrait cultiver sa propre terre. Dans le passé, les autorités avaient offert des terres aux émigrants, c'est vrai. Mais quand ma famille et moi, nous sommes arrivés au Brésil, c'était pour travailler dans une « fazenda » de café. Nous avions toutefois l'espoir d'acquérir un jour des terres pour être totalement libres. Au Brésil, l'émigration avait d'ailleurs été encouragée pour remplacer la main d'œuvre issue de l'esclavage, après l'abolition de celui-ci. Mais au Brésil, sans être propriétaires, nous n'étions pas des esclaves ! Au contraire, c'était le pays de la liberté.

J'aimais beaucoup faire de grandes randonnées à cheval pour me détendre et pour explorer la contrée, aussi bien seul qu'avec des amis. Il m'est arrivé plusieurs fois des aventures mémorables. Un jour, par exemple, après une chevauchée, mes amis et moi, nous nous assîmes sur des troncs d'arbre près du feu que nous avions allumé pour cuire nos aliments. On était là, bien tranquilles, quand je sentis brusquement mon tronc bouger. Je me levai, et vis que mon tronc s'en allait ! Il s'agissait en fait d'un énorme serpent que la chaleur du feu avait sorti de sa torpeur ! Et je ne parle pas des caïmans ! Un autre jour, je fus poursuivi par l'un d'eux. J'étais occupé à recueillir des œufs de dindon sauvage lorsque le caïman décida de me mettre à son propre menu ! Je pris mes jambes à mon cou, juste pour exciter un taureau qui se trouvait non loin et qui décida de me chasser à son tour ! Pauvre de moi, je ne dus mon salut qu'à ma célérité !

Quelques années passèrent ainsi. Mes parents, mes frères et sœurs s'adaptaient assez bien à la vie brésilienne, mais pour ma part j'éprouvais quelque nostalgie envers l'Italie de mon enfance et de ma jeunesse. J'en gardais assurément moins de mauvais souvenirs qu'eux, d'autant plus que mon épouse, qui se languissait de de famille, ne cessait de me rappeler qu'il pouvait être doux de vivre en Italie, pourvu que l'on soit sorti de la pauvreté. Justement, nous avions maintenant un petit pécule...

Après plusieurs mois de réflexion, nous avons donc décidé de nous en retourner au pays. La décision fut d'autant plus difficile à prendre qu'elle impliquait aussi l'avenir de nos enfants. Car au Brésil, nous avions prospéré : en 1913, année de notre retour, nous avions trois fils, Giovanni, Luiggi, et Ferdinando, ainsi qu'une fille, Maria. Ce retour devait donc être toute une aventure. Il fallait tout d'abord expliquer notre décision à ma mère (mon père était décédé), et à mes frères et sœurs. Chacun comprenait que nous n'avions probablement aucune chance de nous revoir un jour : les adieux que nous leur fîmes un peu plus tard furent donc un véritable déchirement. De fait, je ne les ai jamais revus : ils sont tous morts et enterrés au Brésil. La descendance de mes parents est donc plus brésilienne qu'italienne, elle n'est même pas du tout italienne, mais n'anticipons pas !

Pour le voyage de retour, nous devions embarquer à Santos, là même où nous avions mis le pied au Brésil pour la première fois, quelque seize ans plus tôt. Après plusieurs jours d'attente, comme le bateau que nous devions prendre n'arrivait toujours pas, nous avons décidé d'en prendre un autre, même s'il présentait mal.

À vrai dire, c'était un vrai rafiot ! Inutile de dire que tout le monde s'est souvenu jusqu'à sa mort de ce périple, aussi éprouvant que périlleux ! Enfin, d'une façon ou d'une autre, nous sommes revenus à Gênes, là même d'où nous étions partis.

Mon  projet était de reprendre une ferme, ce que je fis. L'avenir semblait prometteur, on y croyait, mais c'était oublier le contexte international. En 1914, une guerre éclatait entre les pays voisins. On craignait désormais le pire. Effectivement, en 1915, l'Italie entrait à son tour en guerre. Notre aîné, Giovanni fut mobilisé en 1916, et son frère Luiggi le fut à son tour l'année suivante. Luiggi faillit être fait prisonnier lors de la défaite de Caporetto, mais il en réchappa de justesse. Giovanni eut plus de chance, il participa même aux combats décisifs de la bataille du Piave qui scellèrent le sort de la guerre. Celle-ci avait été longue, interminable, angoissante. Heureusement, mes fils en revinrent tous deux sains et saufs, même s'ils gardèrent toujours une plaie au cœur, par suite de tout ce qu'ils eurent à subir. Ils m'ont  raconté ce qu'ils ont vécu : les blessés, les souffrances, les morts, l'ennemi qu'on tue et qui tue, les tranchées taillées dans les rochers et la glace, tout ce qu'on ne peut pas dire ou décrire, mais que j'ai essayé d'imaginer ou que j'ai cru comprendre.

La guerre fit plusieurs centaines de milliers de morts et de blessés côté italien, plus d'un million avec les civils. Certes, l'Italie se trouvait dans le camp des vainqueurs, mais à quel prix ! Tant de malheurs, et pour quoi ? Le traité de paix nous parut injuste. On avait cru pouvoir récupérer des terres légitimement italiennes, mais non ! Le mécontentement grandissait. Un homme, Benito Mussolini, semblait incarner le renouveau. Il commençait son ascension vers le pouvoir. La suite relève de l'histoire. Je n'y peux rien si je me suis trompé !

En tout cas, avec la guerre, la promesse d'un avenir radieux sous un ciel tout bleu, s'était quelque peu évaporée. Notre ferme périclitait. Finalement, notre avenir n'était peut-être tout simplement pas en Italie. La France avait été encore plus lourdement touchée que l'Italie par la guerre : encore plus de morts et d'invalides, de maisons détruites, de terres, de fermes abandonnées. Le gouvernement français recherchait des immigrés pour remplacer la main d'œuvre manquante. Nous décidâmes de tenter l'aventure. En 1924, nous arrivâmes donc en France. Nous ? Pas tout le monde, malheureusement : la femme de ma vie, mon cœur, mon âme, Giuseppina, avait succombé à la grippe espagnole cinq ans plus tôt, juste à la fin de la guerre. Elle n'était encore que dans la fleur de l'âge, mais la mort est sans pitié et ne respecte rien. Veuf j'étais, et je le suis resté. Nous n'étions donc que six pour ce nouveau départ : mes trois fils, avec Teresa, la femme de l'aîné, ma fille Maria et moi. Nous nous installâmes dans une ferme du Sud-Ouest. Nous n'étions pas les seuls Italiens à faire ainsi : dans les environs, nous n'avions aucune peine à trouver des compatriotes pour converser avec nous dans notre langue.

Les années passant, nous finîmes par prendre racine dans la terre de France. En 1939, nous acquîmes même la nationalité française. 1939 ! En 1940, quand l'Italie déclara la guerre à une France déjà abattue, ce fut comme un poignard dans le dos. Inutile de dire que les Français (je devrais dire : les autres Français), nous regardèrent alors de travers. Ils avaient certes raison ! Le geste de l'Italie fasciste était particulièrement odieux ! Il ne nous restait qu'à essayer de faire profil bas.

Désormais citoyens français, mes fils auraient pu être mobilisés. Ils ne le furent pas, car ils avaient tous plus de quarante ans, et n'étaient donc pas concernés par la mobilisation qui s'arrêtait à cet âge-là. Par contre, un de mes petits-fils, Francesco, dut faire plus tard le STO, le Service du Travail Obligatoire, en Allemagne. Pendant la guerre, nous continuâmes donc tous de cultiver la terre, sans nous mêler de politique. En 1942 cependant, les Allemands envahirent la zone libre, et la guerre devînt plus présente dans notre quotidien. Nous avons même appris que les Italiens avaient envahi les départements à l'est du Rhône et la Corse, en plus des territoires qu'ils occupaient déjà à la frontière depuis leur entrée en guerre. Décidément, cette guerre nous mettait dans une situation délicate ! Même devenus citoyens Français, nous gardions un nom italien, et la xénophobie ambiante n'arrangeait pas les choses. Cependant les Allemands remplacèrent les Italiens dès l'année suivante, quand l'Italie signa l'armistice avec les Alliés. De ce côté-là, c'était mieux pour nous.

J'eus la satisfaction de vivre assez longtemps pour voir la victoire complète des Alliés en 1945, peu avant ma mort qui survint l'année suivante. Voilà, vous savez tout de ma vie ! Ou presque...

# III

## Famille Bortoluzzi :
## la grand-mère paternelle

Moi, c'est Giuseppina Somera, et je suis née dans la région de Trévise, au nord de Venise. Ne vous étonnez pas si je parle français, sans jamais avoir vécu en France : c'est juste votre imagination qui sert pour la traduction. Ma vie fut brève : de 1875 à 1919 seulement. J'ai été emportée, comme tant d'autres, par la grippe espagnole. Je n'avais que quarante-quatre ans. Comme vous le savez sans doute, la grippe n'était pas spécialement espagnole. En tout cas, ce que je sais, c'est qu'elle m'a été fatale. La carte que vous tenez entre les mains est peut-être celle d'une grand-mère, mais alors d'une jeune grand-mère.

Jusqu'à mon mariage, j'ai porté le nom d'un homme que je n'ai jamais vu. Mon père était un aventurier, non un père au foyer. Saisi par le démon de l'aventure, il a abandonné ma mère qui avait déjà deux enfants, et il est parti en Argentine. Longtemps après, il est revenu, mais juste le temps de remettre ma mère enceinte : en l'occurrence, de moi. Puis il s'en est reparti au pays de la pampa. On raconte qu'à l'occasion d'une randonnée à cheval avec des amis, alors que ceux-ci voulaient mettre pied à terre et faire un campement pour la nuit, mon père a voulu continuer. On ne l'a jamais revu.

Ma pauvre mère a dû se débrouiller comme elle a pu, avec l'aide de sa famille. Elle a eu la douleur de perdre mon frère Gabriele. Il était parti travailler en France, et il s'est trouvé mêlé aux émeutes contre les Italiens qui eurent lieu à Aigues-Mortes en août 1893. Il avait tout d'abord trouvé un emploi dans le Piémont, puis, comme de nombreux Piémontais, il s'était fait saisonnier dans les marais salants d'Aigues-Mortes. À l'époque, la France manquait de main d'œuvre, ce qui n'empêchait pas la population d'être hostile aux étrangers, comme aux Juifs. L'affaire Dreyfus allait d'ailleurs éclater peu après. Lors de celle-ci, on reprocha alors au célèbre Émile Zola d'être Italien, alors qu'il était né en France, même s'il y était né d'un père Italien. À Aigues-Mortes, une bagarre avait éclaté parce qu'un Italien avait lavé sa chemise pleine de sel dans baquet d'eau potable destiné à la boisson. Il avait eu tort, c'est vrai. Mais des Français, des gens du coin ou des travailleurs, en rajoutèrent en répandant la rumeur selon laquelle la bagarre avait fait des morts du côté des Français. Des Italiens furent alors assiégés le soir même dans une boulangerie. Pour calmer le jeu, les autorités décidèrent de faire évacuer tous les Italiens en train le lendemain, mais des Français les agressèrent sur le chemin de la gare. Officiellement, on a parlé de huit morts. En réalité, il y en eut peut-être une cinquantaine, dont mon frère Gabriele. Même si je l'ai peu connu, je ne peux oublier le chagrin que ma mère a porté pour le restant de ses jours.

Comme mes sœurs, je me suis mariée à quelqu'un de la région. Candido avait l'air sérieux et travailleur, et c'était un beau garçon, gentil aussi, et c'était là l'essentiel. Nous nous sommes rapidement aimés.

Peu de temps après notre mariage, la famille de mon mari a décidé d'émigrer au Brésil. C'était quatre ans après la mort de Gabriele. J'ai eu beaucoup de peine à abandonner ma mère. Il ne restait plus auprès d'elle que mon autre frère, Antonio, outre, quand même, ses propres frères et sœurs. Mais je n'avais pas le choix : il fallait bien que je suive mon mari ! À l'époque, c'était ainsi ! Et puis, de toute façon, je comprenais bien que la situation était trop dure en Italie, et qu'il fallait faire quelque chose.

La vie au Brésil, c'était bien, même si je me languissais de ma mère restée au pays. J'ai été très occupée par mes enfants nés là-bas : Giovanni, Luiggi, Ferdinando et Maria, sans oublier la petite Lucia qui n'a vécu que quelques jours. Sa mort m'a fait une plaie au cœur, c'est pourquoi nous n'avons pas eu d'autres enfants. Elle repose à jamais là-bas, avec les autres membres de la famille de mon mari. Sa tombe aurait pu me retenir au Brésil, mais j'ai alors préféré changer de vie, revoir l'Italie et les miens. Mon mari a accepté, et nous sommes revenus en Italie, juste à temps pour voir la guerre éclater peu de temps après !

À l'époque, il était fréquent de perdre un enfant ou plusieurs, ainsi était la vie. Mais ce n'est pas parce qu'un drame peut arriver qu'on l'accepte facilement. Et maintenant, mes fils risquaient de périr à la guerre, si jamais elle devait se prolonger ! Et elle se prolongea effectivement, et deux de mes fils durent partir à l'armée. Après avoir perdu ma fille, je risquais de perdre mes fils ! J'ai maudit l'Italie et la guerre, mais que pouvais-je y faire ? Ma mère est décédée peu après, en paix, j'avais eu au moins la satisfaction de partager avec elle ses dernières années.

J'ai tremblé pendant la guerre, m'attendant tout le temps à recevoir une mauvaise nouvelle. Comment décrire ces jours qui passaient sans espoir de paix, sans jamais savoir quand tout cela allait finir, quand mes fils ne craindraient plus rien ? Victoire ou défaite, cela m'importait bien ! Tout ce que je voulais, c'était la paix et que mes enfants me reviennent sains et saufs ! Mais les jours se prolongeaient, et la guerre n'en finissait jamais. Il était impossible de s'y habituer ou de s'y résigner.

Heureusement, elle finit par finir, et même avec la victoire ! J'aurais pu dire que je pouvais maintenant partir en paix, même si ce n'était pas mon intention. Ce fut pourtant ce qui arriva, puisque la grippe espagnole m'emporta peu après. On aurait pu dire que si la guerre nous avait épargnés, il y avait encore comme un prix à payer. Ce second fléau me fut fatal.

Ma vie fut certes brève, mais elle fut intense, pleine d'émotions, de chagrins et de joies. Une vie parmi tant d'autres, mais ce fut la mienne. J'ai eu le bonheur d'avoir une famille heureuse, que pouvais-je espérer de mieux ?

## IV

### Famille Bortoluzzi :
### le grand-père maternel

Je sais, ce n'est pas de la triche, mais c'est quand même injuste ! Dans ce jeu de cartes, j'apparais sous le nom de Bortoluzzi, alors que je n'ai rien à voir avec cette famille ! Oui, c'est vrai, c'est parce qu'une de mes filles, Teresa, a épousé un Bortoluzzi, et qu'ils ont eu un fils, Jean, et que ce jeu de cartes crée une famille, des grands-parents jusqu'au petit-fils, Jean. Et comme le nom de famille n'est transmis que par le père, le mien disparaît ! Oui, je sais, cela a évolué depuis mon époque, mais il n'en reste pas moins qu'aucune carte n'est au nom des Pezzuti ! Trouvez-vous que cela soit juste ?

No, ma mi chiamo Alessandro Pezzuti, et je suis né en Italie en 1875. L'unité italienne était réalisée depuis peu. En 1859, en échange de l'annexion de la Savoie et de Nice, Napoléon III avait aidé le Piémont dans une guerre contre l'Autriche, suivant en cela une idée du comte de Cavour, ministre de Victor-Emmanuel II, roi de Sardaigne, prince du Piémont et futur premier roi d'Italie. L'année suivante, Garibaldi, un Niçois, avait fait la conquête de la Sicile et de Naples. Enfin, en 1870, l'Italie unifiée avait pris Rome au pape, s'opposant ainsi cette fois à la France qui protégeait l'État pontifical. Certains ont pu dire que cela coûta à la France la défaite de 1870, et donc la perte de l'Alsace et de la Moselle, l'Italie se refusant à appuyer la France. Mais qui peut dire si cela aurait changé la situation ? Comme quoi, en tout cas, la naissance de l'État italien doit beaucoup à la France qui, de son côté, en a bien profité en acquérant des régions superbes. Un plébiscite, encore parfois contesté aujourd'hui, a approuvé cette cession.

Pourquoi est-ce que je vous raconte tout cela ? Parce que ma famille est originaire de Tende. Tende ? Vous ne connaissez pas ? Alors, il faut encore que je vous fasse un cours d'histoire ! En 1860, les communes de Tende et de La Brigue n'avaient pas été cédées à la France, malgré le plébiscite. Officiellement, c'était pour que la roi Emmanuel II conserve ses territoires de chasse. En réalité, c'était parce que l'Italie voulait garder le contrôle des crêtes. En 1945, la France réussit cependant à récupérer ces territoires. Leur annexion fut confirmée par un référendum. Par contre, la France ne réussit pas à l'époque à récupérer le Val d'Aoste. Depuis lors, la frontière n'a plus bougé entre la France et l'Italie, même si elle reste litigieuse à trois endroits sur le massif du Mont-Blanc. Pour les Français, le sommet est entièrement français, alors que les Italiens sont pour le partage.

J'ai quitté Tende en 1925 pour m'établir à Marseille avec mon épouse et mes enfants, y compris notre fille Teresa qui habitait alors à Gênes. Je n'ai donc pas attendu 1945 pour devenir citoyen français.

En octobre 2020, on a beaucoup parlé de Tende à cause des inondations catastrophiques dans la vallée de la Roya : la tempête Alex avait alors tout emporté sur son passage, détruisant les maisons, les ponts, les réseaux d'eau et d'électricité, et déplaçant même les morts des cimetières. On en retrouva sur des plages en Italie... Bien sûr, moi, j'étais mort depuis longtemps, mais c'est ma carte qui parle pour moi et pour mon pays d'origine, pour ma région qui était aussi plus agréablement connue pour ses peintures rupestres préhistoriques de la vallée des Merveilles, notamment.

La dernière acquisition de la France a donc eu une longue histoire mouvementée ! Depuis lors, les frontières de la France n'ont pas bougé, à part quelques changements de parcelles, réalisés à l'amiable avec la principauté d'Andorre, la Suisse et, la dernière en 2006, avec le Luxembourg. Laissez-moi vous parler encore de frontières, puisque cela me concerne bien, et que le sujet me plaît : par le jeu de l'histoire, vous ai-je dit, je suis devenu Français, avant même que ma terre de naissance ne devienne française ! La plus longue frontière terrestre française est avec... le Brésil, par le biais du département français de la Guyane. Elle fait 730 km, contre 623 pour notre frontière avec l'Espagne (et 620 avec la Belgique). Ensuite, il y a celles avec la Suisse (573), l'Italie (515), l'Allemagne (448), le Luxembourg (73), l'Andorre (57) et Monaco (4). C'est tout ? Ce serait oublier la frontière avec le Royaume-Uni dans le tunnel sous la Manche ! Même si personne ne s'y arrête, elle existe bien ! Et une frontière avec le condominium germano-luxembourgeois sur l'île fluviale d'Apach sur la Moselle, près de Schengen. L'île des Faisans, sur la Bidassoa est, elle, un condominium franco-espagnol. L'Espagne a, en outre, une enclave en France, à Llívia. N'oublions pas, non plus, en Guyane, la frontière avec le Surinam (510 km), ou celle avec les Pays-Bas sur l'île de Saint-Martin, aux Antilles.

Mais il ne faudrait surtout pas oublier l'Arbézie ! C'est encore une autre histoire... En 1862, la France et la Suisse conviennent de leur frontière par un traité, mais celui-ci n'est pas ratifié tout de suite. Un certain Ponthus, un contrebandier qui possède un terrain concerné par le découpage, en profite pour construire une maison, juste sur la frontière. Le traité prévoit qu'aucun bâtiment ne sera démoli. Ponthus se sert alors de sa maison pour faire de la contrebande. C'est un bar côté français, et un magasin côté suisse. Le bâtiment devient ensuite un hôtel, racheté par un certain Jules-Joseph Arbez. En 1940, son fils Max et son épouse Angèle font passer en Suisse ou en zone libre des centaines de Juifs, des fugitifs, des pilotes anglais. Car non seulement l'hôtel est frontalier entre la France et la Suisse, mais la ligne de démarcation entre la zone occupée et la zone libre passe aussi juste à proximité. Les Allemands finissent par murer l'hôtel. En 1958, Max Arbez s'amuse à se proclamer Max I$^{er}$ d'Arbézie. Mais l'histoire sérieuse n'est pas finie : en 1961, l'hôtel accueille des pourparlers préliminaires entre des diplomates français, entrés côté français, et des représentants du Front de libération nationale algérien, entrés côté suisse. Enfin, en 2012, Max Arbenz est reconnu Juste parmi les nations, à titre posthume, par l'Institut Yad Vashem. En 2013, son épouse Angèle, 103 ans, reçoit la médaille d'honneur au nom de son mari.

L'hôtel existe toujours, rue de la Frontière, aux Rousses, en France, et route de France, à La Cure, en Suisse. Il a un escalier qui est en France jusqu'à la sixième marche. Plus haut, c'est la Suisse... Pendant la guerre, avant de murer l'hôtel, les Allemands ne pouvaient donc pas monter à l'étage pour traquer les Juifs, résistants et autres fugitifs.

À propos de guerre, j'ai connu celle de 15-18 : eh oui ! Pour nous, Italiens, elle a commencé en mai 1915 pour finir le 3 novembre 1918, un peu avant votre propre armistice. J'ai eu de la chance, je ne l'ai pas passée au front, mais à l'arrière. Comme je n'ai eu que des filles, je n'ai pas eu non plus de soucis pour mes enfants : une chance ! Pour l'autre guerre, celle de 40, j'étais trop âgé : une autre chance ! Mais qu'il est est triste de devoir raconter sa vie au travers des guerres !

Par rapport à sa population, quelque quarante millions d'habitants, le bilan de la Grande Guerre fut des plus lourds pour la France, encore plus que pour l'Italie : officiellement 1, 4 million de morts, peut-être beaucoup plus, outre  trois cent mille civils. Soit autour de 10 % des hommes actifs, près d'un jeune homme sur trois. Sans compter tous les blessés, quelque quatre millions, tous les mutilés, les invalides, les gueules cassées, tous ceux qui en sont revenus avec des problèmes au cerveau, les fusillés pour l'exemple et ceux qui se sont suicidés ou qui ont disparu, par désertion ou d'une autre façon.  Les fusillés pour l'exemple : quelle aberration de tuer ainsi ses propres soldats ! On comprend sans peine les mutineries, après tout ce que ces hommes ont enduré, sans espoir d'en finir. Mais des hommes ont aussi été fusillés sans s'être révoltés, accusés simplement d'avoir reculé devant l'ennemi. Certains ont par la suite été réhabilités.

Des anciens combattants, des poilus, m'ont raconté tout ce qu'ils avaient vécu, tout ce qui les avait marqués à jamais. Les tranchées, notamment. Les tranchées avec la boue, le froid, l'humidité, les mains et les pieds gelés, trempés, et puis les rats, les poux, les tranchées que l'ennemi détruisait à coup d'obus et qu'il fallait toujours reconstruire, les tranchées où l'on pouvait toujours se faire tuer, et quand on devait en sortir, c'était pire... Et les odeurs, le manque d'hygiène, les corvées, mais aussi la peur, le cafard, les maladies, les blessures... Plutôt mourir que reculer, disaient les ordres. Obéir aux ordres, c'était souvent courir à une mort certaine. Souvent, après s'être avancés hors des tranchées, les soldats ne pouvaient plus bouger, il leur fallait gratter la terre pour se construire une butte protectrice devant eux, à moins de s'abriter derrière un cadavre. Cela pouvait durer des heures, avec la faim, la soif, la souffrance, les gémissements des mourants et l'odeur des cadavres avec leurs plaies ouvertes et les insectes qui rôdaient autour. Sur le champ de bataille, le spectacle était horrible : un soldat touché par un obus pouvait voir des morceaux de son cerveau dégouliner sur lui, ou il perdait son sang tout en se faisant dessus. Beaucoup souhaitaient alors la mort, le coup de grâce.

La nourriture était souvent infecte, heureusement il y avait les colis des familles, avec les lettres que les soldats recevaient de leurs proches, et il y avait aussi la camaraderie entre soldats qui servait de réconfort.

Mais la guerre, c'était aussi celle des veuves et des orphelins, des pupilles de la nation, et celle de tous les animaux tués, dont des centaines de milliers de chevaux, outre des ânes et des mulets, des pigeons voyageurs, et des chiens. Et les cultures ravagées, les chemins , voies ferrées, bâtiments et ouvrages d'art détruits : à la fin de la guerre, tout était à reconstruire. « L'Allemagne paiera ! » disait-on. Mais l'Allemagne a fort peu payé. On sait aussi où a mené son ressentiment à l'issue de cette guerre. Une vingtaine d'années plus tard, tout recommençait : je l'ai vécu ! Pour un père mort en 14-18, un fils devait mourir à son tour quelques années après, tué par le même ennemi ! En 1940, la France était occupée, en partie puis entièrement, et l'Allemagne lui facturait des frais d'occupation !

J'ai aussi connu l'époque de la grippe espagnole en 1918, sans l'attraper, heureusement. Mais j'ai aussi connu l'euphorie de 1936, la joie des travailleurs avec les augmentations des salaires, les quarante heures et les congés payés. Il y eut aussi les accords de Munich en 1938. J'ai voulu y croire, mais c'était bien un tort. Et il y eut la guerre d'Espagne, Guernica et compagnie, la Retirada, tous les réfugiés espagnols en France... Sombre époque ! Sans parler de la débâcle de 1940...

En 1940, j'avais aussi cru au maréchal Pétain. En décembre, j'étais allé le voir lors de sa venue. La foule était enthousiaste, c'était impressionnant. À l'époque, on était en zone libre, les Allemands étaient loin, même si les Italiens, par contre, étaient plus près. Malgré tout, c'était quand même la guerre, il y avait les pénuries, les malades, les enfants rachitiques, le marché noir, et le gouvernement qui se complaisait de plus en plus avec les Allemands. Et puis, en novembre 42, les Allemands sont arrivés ! À quoi bon Pétain, alors ? C'était la rupture avec l'Afrique du Nord, tant lié au port de Marseille ! Et en 43, il y a eu la destruction du Vieux Port, le travail obligatoire en Allemagne pour les jeunes, la nouvelle de la libération de la Corse... En mai 44, Marseille fut bombardée, il y eut des morts... Et enfin le 15 août 44, le débarquement de Provence et la libération de Marseille avant la fin du mois.

La résistance ? On en a beaucoup parlé après coup, mais sur le moment j'étais trop occupé à survivre et à m'occuper de ma famille. Ceux qui sont devenus résistants, c'est peut-être ceux qui en ont eu l'occasion, ou qui avaient de bonnes raisons, ceux qui fuyaient les Allemands, le travail obligatoire, ou qui étaient pourchassés, comme les Juifs entre autres. Pour ma part, avec ma famille, on a quand même confectionné des drapeaux français pour pavoiser dès qu'on a pu ! Comme beaucoup, je suis devenu gaulliste au cours de la guerre. Après la libération, la vie a repris son cours, même s'il y eut encore une guerre au loin, en Indochine. Enfin, en 1954, je mourus tranquillement dans mon lit, tandis qu'une autre guerre se déclenchait en Algérie. Une de plus. Voilà ! J'espère, malgré tout, que ma carte vous portera chance dans votre jeu !

# IV

## Famille Bortoluzzi :
## la grand-mère maternelle

Buon giorno ! Je m'appelle Catterina Martino, je suis née en 1878 dans la vallée de la Roya, une terre qui devait par la suite devenir française. J'ai connu assez tôt mon futur mari, Alessandro Pezzuti, nous étions des amis d'enfance, même si l'on ne se voyait pas trop, car nous n'habitions pas à côté.

Dans notre coin, nous étions assez tranquilles, du moins jusqu'à la guerre de 1915. Un de mes frères a été tué en 1917. Ce n'était même pas en combattant : il était à la fenêtre, et quelqu'un lui a tiré dessus. On n'a jamais très bien su dans quelles circonstances. C'était probablement un accident, quelqu'un a dû vouloir le viser pour s'amuser, sans intention de le tuer, mais le coup est parti. Un autre de mes frères a bien été tué à la guerre, lui. Même si sa mort avait plus de sens, la douleur fut la même.

Mon mari et moi, nous nous sommes mariés en 1898. Nous avons eu cinq filles. Comme disait mon mari, ne pas avoir de fils, cela nous a évité de les voir mourir à la guerre. Mais n'est-ce pas dramatique de devoir raisonner ainsi ?

Nos filles sont restées avec nous, sauf Teresa qui avait trouvé du travail à Gênes. Cependant, en 1925, quand nous avons décidé d'émigrer en France, elle est venue avec nous. Elle a quitté le port de Gênes pour celui de Marseille. C'est d'ailleurs grâce à elle que nous sommes allés à Marseille, car elle connaissait des compatriotes qui avaient déjà fait le voyage.

Nous avons émigré à l'italienne, avec nos filles, leurs maris et leurs enfants. C'était juste après la Grande Guerre : à l'époque, on ignorait qu'elle s'appellerait un jour la Première Guerre mondiale. Si l'on avait su... En tout cas, pour en revenir à ma famille, la France avait besoin d'immigrés et de bébés, et cela nous concernait. Outre les Italiens, des Polonais et des Espagnols arrivèrent alors en France.

À notre arrivée en France, avec nos cinq filles et leurs familles, j'ai trouvé que, finalement, par rapport à d'autres mères, je n'avais pas eu beaucoup d'enfants. Après la guerre, les femmes qui avaient remplacé les hommes dans leurs différents métiers, furent invitées à rester au foyer, à faire des enfants, et à les élever. La politique était nataliste, et l'avortement était fermement réprimé. Les faiseuses d'anges ne chômaient pourtant pas, et des femmes en mouraient par milliers. Cela devait perdurer longtemps ainsi. La médaille de la famille française, créée en 1920, récompensait les familles avec des mères « patriotes ». Elle était en bronze, en argent ou en or, selon le nombre d'enfants : de cinq à dix et plus. Mais des familles pouvaient faire mieux, avoir une vingtaine d'enfants ou plus... Tout cela devait énormément changer par la suite.

Un Code de la famille fut institué dès 1939, mais ce fut sous le régime de Vichy que la famille fut vraiment mise à l'honneur. La fête des Mères devint une fête nationale. Elle existait déjà, les soldats américains de la Grande Guerre l'avaient importée en France, mais elle avait été peu suivie jusqu'alors. Ce ne fut pas en tout cas ce que le régime de Vichy fit de pire. Ce régime patriarcal voulut aussi remettre la femme au foyer, mais il n'y réussit pas : il fallait bien des femmes pour remplacer les hommes qui manquaient. Vichy, ce fut surtout un régime qui remplaça la République et sa devise « Liberté, Égalité, Fraternité » par ce qu'il appela « l'État français », avec sa propre devise « Travail, Famille, Patrie », et ses valeurs exaltant par sa « Révolution nationale», un ordre réactionnaire, nationaliste et antisémite, pour une société rurale, corporative et religieuse, vouée à chanter en chœur :

« Maréchal, nous voilà !
Devant toi,  le sauveur de la France
Nous jurons, nous, tes gars
De servir et de suivre tes pas
Maréchal, nous voilà !
Tu nous as redonné l'espérance
La patrie renaîtra !
Maréchal, Maréchal, nous voilà ! »

Même si ce fameux maréchal nous avait rassurés au début, et même si à Marseille on évitait l'occupation, cela n'a pas duré. Les Allemands sont arrivés le 12 novembre 42 : ils avaient envahi la zone libre la veille, un 11 novembre, tout un symbole pour les Français. Il est vrai que c'était en réponse au débarquement des

Américains et des Anglais en Afrique du Nord quelques jours plus tôt.

Après encore presque deux ans, ce fut enfin la Libération. Malgré tous les problèmes liés à la guerre, la peur, le rationnement, ma famille n'a pas eu à pleurer la disparition d'un proche. Un de mes gendres s'était bien rapproché un peu de la Milice, mais pas assez pour en être trop inquiété par la suite. Un autre, lui, s'était rapproché de la Résistance, mais sans se faire tuer. Du reste, à la fin, les « résistants du mois d'août » étaient partout. Même mon autre gendre qui avait sympathisé avec la Milice en était devenu un.

Avec la paix, tout n'est pas redevenu comme avant d'un seul coup. Les tickets de rationnement n'ont disparu qu'à la fin de 1949. Malgré tout, on fait commencer en 1945 ce qu'on a appelé les Trente Glorieuses. C'était la période de la reconstruction, du plein emploi, et des bébés Cadum. Je n'en ai pas vu la fin, puisque je suis morte en 1956, presque deux ans jour pour jour après mon mari. Mère et grand-mère, je suis partie, laissant derrière moi cinq filles et dix-huit petits-enfants, tous des plus adorables. Je n'oublie cependant pas une de mes petites-filles, décédée quelques semaines après sa naissance.

Pour ne pas finir sur une note triste, sachez aussi que j'ai eu le plaisir, avant de mourir, d'être arrière grand-mère, et cela plusieurs fois. Je ne vous dirai pas combien, car ce n'est pas encore fini, même si, maintenant, c'est à titre posthume. Encore que, ma carte, elle, ne meure jamais !

# V

## Famille Bortoluzzi :
## le père

Bonjour ! Moi, c'est Giovanni Bortoluzzi. Je suis né en 1896 et, dès l'année suivante, je m'embarquai pour le Brésil. Enfin, à cet âge-là, j'y ai plutôt été embarqué par ma famille ! En tout cas, j'ai vécu au Brésil jusqu'à mes quinze ou seize ans : c'est dire si ce pays compte pour moi ! C'est toute mon enfance, et ma prime jeunesse. Un pays de couleurs, de grandeur, de chaleur et d'animaux exotiques.

En 1913, nous sommes retournés en Italie, pays que j'ai alors découvert, jusqu'en 1924 où nous avons émigré en France. Auparavant, en 1916, j'avais été mobilisé. J'ai participé à la bataille du Piave. Le royaume d'Italie, aidé par la France et le Royaume-Uni, y combattit victorieusement l'Autriche-Hongrie. C'était assez étrange de combattre pour un pays qui n'était quand même qu'à moitié le mien, et que je connaissais moins bien que le Brésil. La guerre avait d'ailleurs mal commencé, puisque j'ai combattu à Caporetto, où nous avons dû battre en retraite. Ce fut à la suite de cette défaite que les Français et les Anglais vinrent à notre secours. Les poilus ont donc aussi combattu en Italie, et toujours dans des tranchées et dans la boue. Ils ont contribué à notre victoire.

Après la guerre, en 1921, j'ai épousé la belle Teresa Pezzuti. Nous avons eu trois garçons et une fille : Francesco, né en 1922, Alberto, né en 1925, Angela née en 1927 et Jean né en 1932. Une belle petite famille !

J'ai exercé plusieurs métiers, en Italie comme en France, avant d'émigrer à mon tour, mais cette fois sans sortir de France : du Sud-Ouest vers Marseille. En 1933, je travaillais pour un entrepreneur en bâtiments. Un soir, alors que je rentrais chez moi, j'ai été renversé par un camion. J'eus un tibia fracturé. Mes blessures ne guérirent pas, au contraire mon état s'aggrava en 1940. J'ai dû être hospitalisé. À la sortie de l'hôpital, j'étais paralysé des membres inférieurs, sans doute suite à une erreur médicale. J'ai passé les quinze années suivantes, soit le restant de ma vie, cloué au lit. Cela peut étonner aujourd'hui, mais c'était la guerre, on pouvait être mal soigné, et les fauteuils roulants étaient plus rares que de nos jours. En outre, mon logement n'était pas adapté à leur utilisation, et puis cela avait un coût. Il se peut aussi que j'aie été mal informé. De toute façon, je n'ai pas été le seul à passer des années au lit. Certains jeunes aiment bien traîner au lit, en faire leur bureau ou leur aire de jeux. Vivre au lit peut être un fantasme pour certains, une souffrance pour d'autres. Des malades ou handicapés comme moi ont pu y vivre des années. Le cas de la mystique Marthe Robin est bien connu. À force de rester au lit, on lui a prêté des pouvoirs extraordinaires, que la science et le bon sens récusent. Un autre cas notable est celui d'une jeune Américaine ayant été séquestrée et condamnée à vivre dans une sorte de cercueil pendant sept ans, sous le lit de son couple ravisseur. Surtout au début, elle y était enfermée presque tout le temps. L'homme la battait et la violait régulièrement. Il exerçait également une emprise psychologique sur elle et sur sa propre épouse. Le film intitulé « La fille dans la boîte » raconte cette histoire. Sombre histoire, vraiment ! Un autre film, plus joyeux, « Alexandre le Bienheureux » montre un agriculteur devenu veuf, incarné par Philippe Noiret, qui décide de profiter de la vie, d'en jouir tranquillement, ne quittant plus son lit, tirant sur des cordes pour faire descendre un saucisson, une boisson, ou n'importe quoi d'autre.

Il est vrai que quand il fait froid, qu'il est doux de se glisser sous la couette ou de se mettre dans de beaux draps ! Cela étant, la clinophilie est le nom donné à la pathologie mentale dont souffrent ceux qui veulent rester au lit ou, par extension, chez eux, loin du monde extérieur. Comme quoi, rester au lit peut être une maladie. De toute façon, le lit est un endroit dangereux puisque la plupart des gens meurent au lit.

Que fait-on au lit ? À part mourir, se coucher ou dormir ? À part rêver ou copuler ? À part souffrir, si l'on est cloué au lit ? À part faire pipi au lit, si l'on est encore petit ? Au lit, on lit. Du moins, si l'on aime la lecture. Ou on écoute de la musique, on regarde un écran électronique. En tout cas, aujourd'hui. De mon temps, il n'y en avait pas, et ni la lecture, ni la musique n'étaient mes spécialités. Alors, qu'ai-je fait pendant mes quinze ans de lit ? Pendant mes quinze ans sans sortir, sans voir l'extérieur ?  En fait, je suis quand même sorti plusieurs fois. En 1950, avec mon épouse, nous avons déménagé chez un de mes fils, Francesco, puis en 1952 chez notre fille Angela, avant d'aller l'année suivante à la nouvelle maison de Francesco. À la fin, trop habitué à la pénombre, il fallait me mettre une serviette sur les yeux pour que ne sois pas gêné par la lumière lorsque l'on me déménageait.

Qu'ai-je donc fait pendant ces quinze ans au lit, de 1940 à ma mort ? Discuter avec mes proches et regarder le temps qui passe. Je n'étais pas abandonné, ni maltraité. Mon épouse et mes enfants s'occupaient bien de moi, je n'ai pas à me plaindre. Une seconde succède à une autre, puis une minute, une heure, un jour, une semaine, un mois, une année... Sans que l'on s'en rende forcément compte, le temps passe ainsi. Quinze ans au lit, ce n'est peut-être pas si long que cela, finalement. Et puis, j'avais mes souvenirs, j'avais quand même vécu de nombreuses aventures dans plusieurs pays, ce qui n'est pas donné à tout le monde. Bien sûr, à rester ainsi tout le temps couché, j'ai eu des problèmes de santé. Je ne suis d'ailleurs pas devenu bien vieux, mais cela m'importait peu. Si la mort est un sommeil sans réveil, j'étais bien placé pour la recevoir, puisque j'étais déjà allongé dans mon lit mortuaire depuis longtemps. Je décédai donc en 1955. Mon épouse devait me survivre de nombreuses années, ainsi que mes enfants.

Voilà donc la carte que vous avez entre les mains. Une carte originale, comme toutes les vies, car chaque vie est originale, unique.

# VI

## Famille Bortoluzzi :
## la mère

Bien le bonjour à vous ! Je m'appelle Teresa Bortoluzzi, je suis née en 1899, et je suis morte en 1981, juste après l'élection de Mitterrand. Voilà, vous savez tout ! Sauf, bien sûr, que je ne vous ai pas parlé de ma famille, je vais donc vous en dire un peu plus.

Tout d'abord, les filles prenant le nom du mari à leur mariage, je dois préciser que je suis née Pezzuti. Mes parents étaient Alessandro Pezzuti et Catterina Pezzuti, née Martino. Si vous avez eu la carte de mon époux entre les mains, vous savez que nous avons eu quatre enfants : Francesco, Alberto, Angela et Jean. Vous savez aussi que seul notre aîné Francesco est né en Italie, après quoi nous avons émigré en France. Enfin, vous savez tout de l'accident de mon mari, et du fait qu'il a été cloué au lit pendant des années. Que dire de plus, alors ? Rien, ou alors je pourrais en dire des choses... Pensez ! J'ai vécu dans deux pays, j'ai survécu à deux guerres mondiales, j'ai connu la pauvreté, le rationnement, puis l'abondance avec la société de consommation, j'ai connu l'époque où la société était rigide, puis j'ai connu la libération des mœurs.

Et je pourrais continuer. Comment ne pas citer la condition de la femme ? J'ai connu l'époque où les femmes devaient rester à la maison, ne pas travailler ailleurs, ou être sous-payée si elles travaillaient malgré tout, l'époque où elles devaient subir les désirs des hommes, l'époque des faiseuses d'anges, avant que l'étau se desserre, que les mœurs évoluent, que viennent la contraception et la légalisation de l'avortement. À ma mort, tout n'était pas encore gagné, mais je sais que les progrès ont continué. Après tout, les cartes savent tout, non ? Vous ne me croyez pas ? Vous avez bien raison ! Et je ne serai pas la dernière à vous l'affirmer, car de mon vivant j'aimais trop la liberté et la vérité, ce qui me permettait de ne pas croire à n'importe quoi !

J'ai eu moi-même l'opportunité de trouver un travail dans les bureaux du port de Gênes. À l'époque, ce n'était pas évident : quitter sa famille et sa région, c'était toute une aventure ! Une aventure risquée, mais tout s'est bien passé. Après notre émigration familiale en France, je suis cependant restée à la maison, les circonstances avaient changé, je devais m'occuper de mon mari et de mes enfants, être la mère au foyer idéale.

J'ai connu la France de l'après-guerre, celle de 14. Bien sûr, à Marseille, la ville elle-même n'avait pas souffert de destructions comme les villes du Nord et de l'Est. Mais l'on m'a raconté ce qu'elle avait vécu : quelque quatre millions de soldats étaient passés par son port, venant des empires français et britanniques, pour aller combattre aux Dardanelles. Les milliers d'Hindous à turban avaient fait sensation, comme les tirailleurs marocains et tunisiens, et les fantassins russes. Il y avait eu aussi les soldats du Commonwealth, et les réfugiés venus d'Alsace, d'Arménie et des Balkans, outre les prisonniers de guerre. Ville de garnison et de convalescence, de prostitution, on essayait aussi d'y réparer les visages des gueules cassées. Marseille devint également la marraine de la ville d'Arras, pour aider à sa reconstruction.

Ce qu'on a appelé l'affaire du XV$^e$ corps avait cependant été mal vécue : les soldats provençaux de ce corps d'armée avaient été accusés d'avoir été défaillants face à l'ennemi en juillet 14. La rumeur se répandit que les Provençaux étaient des lâches. Les autorités durent intervenir pour démentir ces accusations, et la censure imposa le silence sur l'affaire. Un soldat de ce corps, Auguste Odde, accusé d'abandon de poste après une mutilation volontaire, fut cependant fusillé pour l'exemple au mois de septembre, avec un autre soldat, Joseph Tomasini. Ils ont été réhabilités en 1918. Après la guerre, plusieurs communes donnèrent le nom du XV$^e$ corps à des rues, places ou avenues de Provence et sur la Côte d'Azur.

D'une guerre à l'autre... Celle de 39-45 nous a davantage touchés. Bien sûr, la première avait touché celui qui allait devenir mon mari, mais c'est à lui de vous en parler. Pour notre famille, au début de 1943, notre fils aîné, Francesco, a dû partir en Allemagne au STO, ou Service du Travail Obligatoire. Le STO s'était auparavant et bien brièvement appelé le SOT ou Service Obligatoire du Travail. Mais le SOT avait suscité des railleries à cause de son nom, d'où la nouvelle appellation. Mais cela n'avait rien d'amusant ! Quel destin étrange que de devoir partir pour travailler chez l'ennemi, et pour lui ! Je sais, de nombreux jeunes s'y sont refusés, surtout quelques mois plus tard. Beaucoup se sont cachés, se sont fait oublier ou ont rejoint les maquis ou la France libre. Mais si Francesco n'a pas voulu faire rien de tel, c'était en fait pour me protéger. À ma petite échelle, j'étais engagée dans la Résistance, et je craignais d'être dans le collimateur des autorités. Je ne vais pas faire étalage de ce que j'ai fait, ce n'était pas pour m'en vanter un jour, c'était avant tout une réaction contre l'injustice de l'occupation. Et puis, en tant que Française d'origine italienne, je me sentais des devoirs envers mon nouveau pays. Jusqu'à la fin de la guerre, j'ai donc participé à la Résistance comme j'ai pu, en faisant la liaison entre des résistants, et en diffusant des tracts. Il y en eut de toutes sortes, pour tous les goûts.

Une autre forme de résistance était de faire passer un message de façon détournée, cryptée. Ces messages étaient le plus souvent très sérieux, mais il y en avait aussi parfois simplement pour se moquer. Il va sans dire que rédiger de tels messages, c'était pour les plus doués des résistants, car il fallait savoir cacher ce que l'on  voulait vraiment dire.  Prenez, par exemple, le texte de la chanson suivante, à la gloire du maréchal Pétain (qui adorait que l'on chantât ses louanges, et dont le portrait officiel était partout – comme pour bien rappeler que c'était lui le chef, l'illustre sauveur de la France) :

« Maréchal, Que ton nom soit gravé dans l'histoire
Et que dans tous les temps on l'entoure de gloire.
Rends à tous ces Français que tu voulus sauver
Du désastre complet qui pouvait arriver
Et l'amour du Devoir et la noble espérance
Pour que bientôt, par eux, revive notre France.

Ô ! qu'une légion saine et forte à la fois
Unanime à répondre à l'appel de ta voix
Ranime dans nos rangs cet esprit d'autrefois !

Honneur ! Patrie ! Ces mots étaient notre devise,
Ils le seront toujours, mais sans qu'on les divise,
Travail ! Famille ! aussi doivent y figurer
Liant au fier passé notre droit d'espérer
Et nous verrons, demain, la Nation nouvelle
Relever de ses maux notre France immortelle. »

Ce texte de chanson reçut la bénédiction du régime de Vichy, qui ne comprit pas que c'était un acrostiche. On y lit, en effet, avec la première lettre de chaque ligne : « Merde pour Hitler ». Mais après tout, même si des censeurs eussent découvert l'acrostiche, celui-ci eût pu passer pour un encouragement, car dire merde à quelqu'un, n'est-ce pas lui souhaiter bonne chance ? Ce n'était pourtant pas l'intention de l'auteur ! Il est aussi peu probable que les autorités l'auraient compris ainsi ! Julien Clément, l'auteur du texte, par ailleurs officier et résistant, a aussi écrit une parodie de « Maréchal, nous voilà ! » intitulée « Maréchal, les voilà ! », dont le texte porte la mention « Imprimé en France malgré la Milice et la Gestapo » et « Tous droits réservés pour tous pays y compris le Maquis ». Cela, c'était la

Résistance par la plume ! Elle avait son importance. J'aurais été bien incapable d'écrire de tels textes, mais je pouvais diffuser ceux qui devaient l'être, ce que je fis.

Toujours est-il que Francesco partit donc en Allemagne pour que je n'aie pas d'ennuis. À sa façon, il y résista comme il put, en ne manifestant pas de zèle excessif pour son travail, tout au contraire. Il faillit d'ailleurs à plusieurs reprises être transféré dans un camp de concentration. Heureusement, il nous revint sain et sauf. Mon dernier fils, Jean, m'a aidé plusieurs fois à délivrer des messages. Par contre, j'ai tenu à ce qu'Alberto et Angela restent à l'écart de tout cela. J'ai eu peur qu'Alberto ne parte à son tour au STO, mais d'une façon ou d'une autre, cela n'a pas eu lieu. Nous avons donc passé la guerre en famille, mais sans Francesco, avec toutes les inquiétudes et les problèmes de ravitaillement, sans compter l'accident de mon mari qui l'avait cloué au lit.

Comment oublier cette guerre, et la façon dont chacun l'a vécue ? Il y eut aussi bien des héros que des lâches, des sauveurs que des délateurs, et surtout une grande majorité qui essaya de faire avec, en attendant et en espérant des jours meilleurs. Avec la Libération, il y eut l'épuration et les règlements de comptes, des femmes tondues, des collabos se transformant en résistants, tout ne fut pas très glorieux. Comment l'oublier, oui ? Mais passons ! On changeait d'époque ! Le bagne fermait, comme les maisons closes. En Indochine, une autre guerre éclatait, tandis qu'en France et en Europe, on s'attelait à la reconstruction. Les logements manquaient, beaucoup avaient encore des toilettes communes sur le palier, l'eau courante n'était pas encore disponible partout, sans mentionner le chauffage central. L'hiver 1953-1954, avec l'appel de l'abbé Pierre, mit en lumière l'urgence de régler le problème. En même temps, commençait ce qu'on appellerait plus tard la guerre d'Algérie : encore une nouvelle guerre ! À Marseille, on les a tous vus passer, les militaires et les appelés du contingent : autour d'un million et demi de jeunes et de moins jeunes. Plus de vingt mille y moururent. De très nombreuses familles furent touchées, car les appelés du contingent représentaient toutes les populations, et leur service en Algérie pouvait durer de 18 à 30 mois. Par leur refus à se joindre au putsch des généraux d'avril 1961, ils permirent son échec. L'année suivante, la paix était signée : enfin, la paix ! La fin des guerres ! Un nouveau monde pouvait commencer : les années 60, la télé, le frigo, les robots ménagers, le tourne-disques et le transistor, l'auto, la DS, la 2 CV ou Deuch, la Simca 1000, mais aussi le mur de Berlin, l'URSS et Cuba, l'assassinat de Kennedy, et encore le paquebot France, le tiercé du dimanche, la loterie, la fin du charbon et des locomotives à vapeur, l'émergence des « yéyés » et des idoles des jeunes, l'adieu à la messe en latin et à la soutane pour les curés, la pilule en 67, mai 68, le Vietnam, les chars à Prague, le départ du Général et les années Pompidou, la guerre du Kippour et le choc pétrolier, la conquête spatiale, la lune en 69, Giscard et l'avortement en 74, Jean-Paul II en 78, la rose au poing et Mitterrand en  81, la chute du mur de Berlin en 89 et la fin de l'URSS et du communisme, Chirac, les beurs, les banlieues et tutti quanti.

Stop ! Je sais, je suis morte en 81, je ne suis pas censée connaître la suite, je déborde donc, alors je m'arrête ! Et ne me faites pas dire que les cartes savent tout, et que comme je suis une carte, je devrais tout savoir ! Non, les cartes ne disent que ce qu'on leur fait dire, ce que vous imaginez, ce que vous savez sans le savoir.

Revenons plutôt aux années 60 : elles commencèrent mal avec la guerre froide et le mur de Berlin en 1961, puis l'année suivante par l'accueil des rapatriés. Et, à Marseille, on en a vu passer ! Et s'installer aussi, malgré un accueil souvent frileux. Pourtant ils étaient Français, bien que souvent d'ancêtres espagnols, italiens, allemands ou maltais. Malgré tout, le monde moderne était enfin en marche après la fin de nos guerres à nous, des guerres en Europe, comme celles liées à la décolonisation.

Quant à moi, j'avais déjà enterré mon mari handicapé, décédé en 1955. Mes garçons étaient fort heureusement trop âgés pour partir guerroyer en Algérie. Chacun réussit à faire sa vie du mieux qu'il put et, à ma mort en 1981, j'avais des petits-enfants. Que demander d'autre après une vie aussi bien remplie ? De reposer en paix auprès de mon mari. C'est fait, merci !

J'espère simplement que ma carte vous manquait dans votre jeu, et maintenant que vous l'avez, qu'elle vous aidera ainsi à constituer une famille. Quant à moi, puissé-je continuer de vivre à jamais dans votre souvenir et votre imagination !

# VII

## Famille Bortoluzzi :
## l'enfant

Bonjour, je m'appelle Jean Bortoluzzi, je suis le fils de Giovanni Bortoluzzi et de Teresa Pezzuti. Je suis né à Marseille en 1932, et je suis toujours en vie, merci.

J'étais le petit dernier de la famille, après Francesco, Alberto et Angela. Une petite famille pas très nombreuse, mais sans problème.

Si vous avez compris le jeu, vous avez compris que même si je suis le dernier mentionné de la famille Bortoluzzi, tous les autres Bortoluzzi sont mentionnés par rapport à moi : mes grands-parents paternels et maternels, mon père et ma mère. Je n'ai pourtant pas les chevilles qui enflent, car tout humain est aussi dans le même cas, en ayant deux parents et quatre grands-parents. En outre, je ne voudrais pas trop vous raconter me vie, juste un petit peu, car c'est trop personnel pour être ainsi divulgué à on ne sait qui pour faire on ne sait quoi.

Sachez juste que j'ai passé une enfance heureuse à Marseille. On n'était pas uniquement entre nous – entre ritals, pour reprendre l'expression utilisée par certains italophobes. Je me souviens ainsi d'une petite fille nommée Marie Moreno, ma première copine, pas du tout ritale. J'en garde un souvenir ému, après toutes ces années.

Bien sûr, il y eut la guerre. À dix ans, je peux me vanter d'avoir été un jeune résistant. Certes, ce n'était pas pour faire dérailler des trains (j'aurais bien aimé!), ou faire exploser des voitures (j'aurais bien aimé, aussi !), mais comme ma mère était impliquée pour délivrer des messages secrets, il m'est arrivé de l'aider ou de la remplacer. Jouer à l'agent secret, cela me plaisait aussi, et personne ne se méfiait de moi ! C'était un secret entre ma mère et moi : encore un secret ! Mon père était hors jeu, il ne fallait pas l'inquiéter et, de toute façon, il n'aurait pas été d'accord. Même après la guerre, le secret a pour ainsi dire perduré, ma mère ayant préféré que l'on oublie tout cela pour passer à autre chose.

J'ai trouvé du travail à Marseille, comme employé aux écritures dans une grande maison de commerce. En 1955, j'ai rencontré Monique. Elle travaillait pour une de nos succursales à Montpellier, et était venue à Marseille pour que je la forme aux nouvelles procédures de l'entreprise. De fil en aiguille, des liens se sont tissés (si je puis dire !), et nous nous sommes mariés l'année suivante. Monique était d'une famille lozérienne, les Bonicel. Une famille nombreuse de douze enfants, dont deux morts en bas âge.

Nous-mêmes, nous avons eu trois enfants : Bernard, en 1958, Françoise, en 1960, et Isabelle, en 1962.

À leur tour, ils ont vécu leur vie : Bernard a rencontré Sylvie, ce qui a donné Nicolas et Céline, des adorables bambins ! Les années passant, Nicolas est devenu le papa de Jules et de Léo, et Céline, la maman de Louise.

Françoise, pour sa part, a rencontré Jacques, un charmant jeune homme venu des Antilles. Ils ont eu Kévin, et Élodie, qui étaient eux aussi bien mignons quand ils étaient bambins. Kévin est maintenant le papa de Jade, et Élodie la maman de Léa.

Enfin, Isabelle a épousé Malik, mais leur union n'a pas duré. Elle vit depuis plusieurs années avec Philippe, qui a eu Thomas et Julien d'une précédente union.

Voilà ! Alors que j'étais, dans ce jeu de cartes, le dernier chaînon de la famille Bortoluzzi, un nouvel horizon s'est dessiné, grâce à Monique et aux enfants que nous avons eus, et à ceux qu'ils ont eus eux-mêmes.

Mais je n'étais pas le dernier des Bortoluzzi ! Il y avait aussi mes frères Francesco et Alberto, ainsi que ma sœur Angela. Il faut que je vous parle d'eux ! Alberto et Angela se sont mariés et ont eu des enfants, tout en menant leur vie sans problème majeur. Francesco, lui, était parti au STO pendant la guerre, et il en était revenu bien portant. Ce que l'on a appris après coup, c'est qu'il avait fait la connaissance d'une jeune Allemande appelée Margareta avec laquelle il s'était pris d'affection – ce qui était « verboten ! ». Mais comment interdire d'aimer ? Après la guerre, elle est venue le rejoindre en France, et ils se sont mariés. Cela n'a pas été toujours très simple pour elle : passer des jeunesses hitlériennes à la France de l'après-guerre, essayer de se fondre dans la population malgré son accent, de se faire accepter par sa nouvelle famille, dans son nouveau pays, dans son quartier, dans la vie de tous les jours. Aujourd'hui, tout cela semble bien loin, il y a l'Europe, Erasmus et compagnie, mais à l'époque, cela n'allait absolument pas de soi. Il y eut donc des réticences, pour dire le moins, mais avec le temps, tout finit par se calmer. Après tout, Margareta n'était pour rien dans le régime nazi, elle n'avait appartenu aux jeunesses hitlériennes que parce que c'était obligatoire. Au demeurant, il y eut des histoires bien plus pénibles. Des enfants étaient nés en France de père allemand et de mère française, des « enfants de Boche, enfants de la honte ». Certains ont raconté le rejet dont ils firent l'objet, les humiliations ou brimades dont ils eurent à souffrir, leur désir même d'en finir avec la vie. Il y aurait eu quelque cent mille « enfants de guerre » en France. Peut-être un peu moins, peut-être le double. Les prisonniers de guerre français en Allemagne, les travailleurs volontaires, les requis du STO, les forces d'occupation en France et, après guerre, à l'inverse, les prisonniers allemands en France et les militaires en Allemagne, tout cela avait concerné des millions de personnes susceptibles de créer des liens avec d'autres personnes. Même longtemps après, certains ont voulu acquérir la double nationalité en guise de reconnaissance de leur filiation. Les enfants de Francesco et de Margareta, eux, sont des Français parfaitement germanophones, et des Européens convaincus. Après tout, ils ont des ancêtres en France, en Italie et en Allemagne. C'est toute l'Europe en formation !

# VIII

## Famille Moreno :
## le grand-père paternel

¡ Hola ! Je m'appelle Antonio Moreno, et j'ai vécu de 1890 à 1960. Je suis originaire de Catalogne, d'un village au sud de Barcelone. J'ai fait plusieurs métiers, étant toujours disposé à aller là où il y avait du travail. Je me suis marié en 1920 avec Carmen Castro qui était du même village que le mien. Nous avons eu cinq enfants : Esperanza, Adolfo, Mercedes, Manuel et Juan.

J'ai connu les années où mon pays rencontrait d'énormes difficultés. Comme il était resté neutre pendant la guerre, on y parlait plus librement qu'ailleurs de la pandémie qui sévissait alors, d'où le nom qui lui a été donné, celui de grippe espagnole. Il y eut aussi la grève générale de 1917, avec l'état d'urgence et trois mille grévistes internés à Barcelone. Et puis il y a eu la dictature de Primo de Rivera, arrivé au pouvoir par un « pronunciamento » et sa chute avec la proclamation de la république en 1931 – la seconde de notre histoire. Mais les Espagnols étaient trop divisés pour qu'elle puisse durer sans difficultés. Il y avait d'un côté ceux qui craignaient une révolution bolchevique comme en 1917 en Russie, et de l'autre côté ceux qui redoutaient une dictature fasciste. Le régime était contesté sur sa droite comme sur sa gauche, et la violence était déjà là, avec des morts et des fraudes électorales. En 1934, à la suite du retour de la droite au pouvoir, une révolution éclata dans les Asturies et une république socialiste y fut proclamée. Le général Franco la réprima. Il y eut trois mille morts. En 1936, l'arrivée au pouvoir du Frente Popular, à la suite d'une courte victoire, peut-être frauduleuse, fit redoubler les violences. Les milices ouvrières et les milices nationalistes faisaient partout des victimes. L'assassinat d'une figure de premier plan de l'opposition, demandé par le pouvoir en place, fut le déclencheur du soulèvement nationaliste. Le général Franco démarra le soulèvement au Maroc espagnol, mais il ne parvint pas à s'imposer partout. L'ironie de l'histoire, c'est qu'au départ Franco, qui devait par la suite devenir le « Caudillo », n'était pas impliqué dans le complot, ni destiné à en être le chef. Le gouvernement tenta un compromis qui n'aboutit pas. La guerre devenait inévitable entre nationalistes et républicains. L'Espagne était coupée en deux, les républicains contrôlant les régions les plus riches, les plus urbanisées et les plus peuplées. En zone républicaine, les travailleurs, désormais armés, firent leur révolution, ils prirent le contrôle des entreprises et s'emparèrent des églises et de biens du clergé. Tous les partis de gauche décidèrent alors l'incorporation des milices dans l'armée régulière. La guerre civile commençait, une armée contre l'autre. Mais les nationalistes étaient mieux organisés, mieux encadrés et mieux armés que les républicains. Et leurs effectifs augmentaient au fur et à mesure de leurs avancées. De plus, ils avaient le soutien militaire de l'Allemagne et de l'Italie, alors que la France et le Royaume-Uni ne voulaient pas intervenir. Le Frente Popular espagnol était pourtant le frère du Front Populaire français, alors au pouvoir. Mais en France, Léon Blum voulait croire que si personne n'intervenait, le conflit se tarirait à sa source. Vain espoir ! L'aide étrangère était donc plus importante du côté des nationalistes. Même des milieux d'affaires américains les soutenaient, ainsi que l'Église – à l'exception des curés au Pays-Basque. En 1937, les Allemands bombardèrent Guernica, au Pays-Basque justement, et en 1938, les Italiens firent de même à Barcelone, faisant trois mille morts. L'Italie s'investit d'ailleurs plus que l'Allemagne dans la guerre, c'est pourquoi lorsqu'elle entra ensuite dans la Seconde Guerre mondiale, elle manqua de tout : l'Allemagne dut alors venir à son secours, ce qui devait contribuer à sa défaite finale. Dans l'autre camp, ni l'Union soviétique, ni les Brigades internationales ne furent d'un grand secours pour les républicains. La guerre dura longtemps, car Franco voulait totalement écraser ses adversaires pour fonder un nouveau régime. Je ne vais pas vous la raconter, il y aurait trop à dire, et puis il y eut tellement de tueries et de règlements de comptes, et cela des deux côtés. Des atrocités sans nom, oui ! Et ce serait fausser l'histoire que de croire que seuls les nationalistes en commirent. Des religieux furent émasculés par des républicains, des femmes enceintes éventrées par des nationalistes, chacun s'acharna aussi contre des vieillards ou des enfants !  Cette guerre fit plus de quatre cent mille morts, et aussi plus de quatre cent mille réfugiés, notamment en France, lors de la « Retirada ». La dictature appelée « État espagnol » devait perdurer jusqu'à la mort de Franco, en 1975. Et la guerre d'Espagne discrédita les Occidentaux aux yeux des Soviétiques, des nazis et des fascistes. D'où les accords de Munich, le pacte germano-soviétique, et une nouvelle guerre, mondiale cette fois. La guerre d'Espagne avait permis à l'Allemagne de moderniser son armée, de se lier à l'Italie, et de se préparer pour une nouvelle guerre : sa guerre !

Pour notre part, dans la famille, on avait été du côté des républicains. Heureusement d'ailleurs, car la Catalogne était dans leur zone. Avec mes frères et mes fils, on avait fait ce que l'on avait pu, mais on avait perdu, et on s'était donc retrouvés en France, sauf, malheureusement, ceux qui étaient tombés au front. Lors de notre arrivée, il faisait froid, il pleuvait, il ventait. Les Français ne furent pas très accueillants, ils voulaient qu'on retourne en Espagne. À la frontière, des réfugiés furent aussi dépouillés. Les autorités françaises voulaient séparer les hommes valides, les combattants, de leur famille, mais ils ne réussirent pas toujours. Les hommes devaient aller dans des camps appelés déjà de concentration où ils furent retenus dans des conditions indignes de la France. À Argelès-sur-Mer, les premiers arrivés durent ainsi creuser des trous dans le sable de la plage pour s'abriter du vent. Aucun bâtiment en dur n'était prévu, ni de sanitaires, ni de robinets d'eau potable. La désorganisation était totale, les autorités étant totalement dépassées par l'afflux des réfugiés. Des troupes coloniales, tirailleurs sénégalais et spahis marocains assuraient la surveillance, car les réfugiés étaient enfermés. C'était pour nous humiliant d'être gardés par ces hommes, car les nationalistes avaient massivement utilisé des troupes coloniales marocaines contre nous pendant la guerre. En outre, ces gardiens se comportaient mal envers nous, y compris envers les femmes. Inutile d'en dire trop... Je vous passe les détails, mais ma famille a eu finalement la chance de se retrouver libre à Toulouse. Le Sud-Ouest était d'ailleurs déjà une terre d'accueil pour les Espagnols bien avant la guerre. Quant aux autres réfugiés, ils eurent tous des destins différents. Certains allèrent dans d'autres camps, ou furent libérés, d'autres revinrent en Espagne ou furent utilisés par la France pour divers travaux. Avec la nouvelle guerre, celle impliquant la France, des réfugiés espagnols s'illustrèrent aussi dans la Résistance en France, ou lors de la libération de Paris. Un détachement de l'armée de Leclerc qui entra dans Paris, « la Nueve », était d'ailleurs constitué d'une majorité d'Espagnols.

Voilà ce que je tenais à vous raconter ! Je ne vais pas vous en dire plus, ce ne sont pas de bons souvenirs, même s'il y en eut malgré tout de bons. Comme tous les exilés, nous avions rêvé du retour. Après la fin de la guerre, en 1945, dans l'euphorie de la victoire, on pouvait encore espérer la fin du franquisme. Mais la situation politique n'évolua pas dans ce sens et, avec le temps, l'enracinement dans notre pays d'accueil devenait inévitable, le retour impossible. Dans les familles, les vieux qui mouraient étaient enterrés en France, et les enfants avaient leurs copains en France. Comment partir, alors ? Et pourquoi ? Nous finîmes ainsi par nous acclimater en France, à y refaire nos vies, et à devenir des Français à part entière.

Je n'ai pas vécu assez longtemps pour voir la fin de Franco et de son régime honni. Mais étant d'origine catalane, j'ai eu longtemps plaisir à aller du côté de Perpignan, en pays catalan ! Et ça, personne ne pouvait m'en empêcher ! Quant à passer la frontière, pour aller dans la Catalogne soumise au joug franquiste, non merci ! Certains l'ont fait et s'y sont sentis étrangers. Ce n'était plus comme avant ! Comme les cartes savent tout (quelle stupidité de le croire, mais je dis cela pour me donner de l'importance !), je sais qu'après la mort de Franco, il était trop tard pour un retour : l'enracinement en France s'était réalisé, les réfugiés avaient vieilli, le retour n'aurait été que pure désillusion. Les réfugiés les plus engagés se mobilisèrent alors pour garder vivante l'histoire de leur exil : des stèles et des monuments furent érigés ici et là. Ils s'engagèrent aussi dans des associations pour rester entre eux, parler encore leur langue, se souvenir de leur Espagne, celle de leur jeunesse, celle d'un pays qu'ils avaient mythifié au cours des années. Depuis une loi votée en 2022, leurs enfants ou petits-enfants nés en France peuvent aussi acquérir la nationalité espagnole, en plus de la nationalité française : la double nationalité, c'est reconnaître le mélange de deux histoires, de plusieurs racines.

Mais moi, maintenant, je suis mort, alors je me tais ! Essayez plutôt de récupérer la carte de ma femme pour en savoir plus. Cela vous permettra peut-être de constituer une famille.

# IX

## Famille Moreno :
## la grand-mère paternelle

¡ Hola ! Je m'appelle Carmen Castro, je suis née en 1888 à Barcelone, et je suis morte en 1963 à Toulouse.

Mon mari Antonio et moi avons eu cinq enfants : Esperanza, Adolfo, Mercedes, Manuel et Juan. Ils nous ont tous donné de ravissants petits-enfants. Après la guerre d'Espagne, Adolfo est passé en France, avec sa petite famille, plus ou moins en même temps que nous. Mercedes aussi, et heureusement, car elle avait participé activement aux combats et, si elle était restée en Espagne, qui sait ce qui lui serait arrivé ? Juan était déjà installé en France depuis plusieurs années, pour son travail à Marseille. Esperanza est par contre restée au pays. Manuel aussi, mais lui, dans une fosse commune. On n'a jamais su où exactement. Un fils mort, ce fut cruel, mais dans d'autres familles, ce fut encore pire.

En Espagne, la vie était dure. Avant la guerre, c'était un pays en retard, un pays pauvre et agité de tous côtés. Cela a conduit à la maudite guerre civile. Pourtant, tout cela aurait sans doute pu être évité. Si l'Église avait davantage prôné le partage des richesses, au lieu de défendre ses privilèges et ceux des grands propriétaires, le peuple n'aurait pas été aussi révolutionnaire, et l'Espagne coupée en deux. Mais je sais que tout était compliqué. Les paysans voulaient des terres, les ouvriers de meilleurs salaires, ainsi que des mesures révolutionnaires, mais il y avait aussi la crise économique, celle née aux États-Unis en 1929, les solutions faciles étaient impossibles. Beaucoup étaient encore analphabètes, il manquait à l'Espagne une forte classe moyenne éduquée pour imposer des solutions raisonnées acceptables par tous. En outre, certains craignaient pour l'unité nationale. La Catalogne avait ainsi obtenu une large autonomie. Le Pays basque, la Navarre, la Galice et l'Aragon voulaient copier son exemple. Et puis, en Europe, l'époque était aux extrêmes, des anarchistes aux fascistes, ce n'était pas spécifique à l'Espagne. En tout cas, l'État républicain, attaqué à la fois par les conservateurs et par le peuple, n'avait pas les moyens d'imposer son autorité. Et ce fut donc la terrible guerre d'Espagne ! « ¡ No pasarán ! » , disait-on. Mais ils sont passés !

À propos de la république, je dois quand même dire qu'elle a donné le droit de vote aux femmes en 1933, soit bien avant la France, où il a encore fallu attendre une douzaine d'années ! La république ! À peine étions-nous arrivés ici, que la France, comme l'Espagne, la mettait entre parenthèses : ici, comme là, il n'était plus question que de l'État : « l'État espagnol » de Franco et « l'État français » de Pétain. Des États, ni républiques, ni monarchies, des États qui oubliaient les valeurs républicaines et des libertés fondamentales.

Une guerre en remplaçait une autre. Et, en France comme en Espagne, la défaite suivait. Et encore des réfugiés, des familles déchirées, des enfants perdus, mais cette fois dans la France même, du nord au sud. L'histoire semblait se répéter... En octobre 1940, Hitler rencontrait Franco à Hendaye pour lui demander d'entrer en guerre. En vain. Franco était réticent de passer d'une guerre à une autre, et ses exigences étaient trop importantes : Gibraltar, le Maroc français... Au retour, Hitler rencontrait Pétain à Montoire. Il eut plus de succès : après une bonne poignée de mains, la collaboration pouvait commencer. La collaboration ? « Donne-moi ta montre, je te donnerai l'heure. » Pour nous, comme pour les Français, cette nouvelle guerre fut aussi celle du rationnement, de l'attente et de l'espérance. Mais à la différence de la guerre d'Espagne, le Royaume-Uni et les États-Unis y étaient impliqués, ce qui devait tout changer. Outre l'Union soviétique, bien sûr. Fidèle à ses convictions, notre fille Mercedes participa autant qu'elle le put à la Résistance. Nous ne l'avons appris qu'à la Libération.

Je n'oublierai jamais la Libération : enfin une victoire ! Enfin la liberté ! Enfin ! Enfin, sauf pour l'Espagne. Non seulement le dictateur restait en place, mais en plus il consolidait aux yeux du monde son régime en étant admis à l'ONU. Un régime appelé le « nacional-catolicismo », car il s'appuyait sur la nation espagnole et l'Église catholique, dont les prêtres avaient été malmenés par les républicains. Je n'ai jamais voulu retourner en Espagne. Cela aurait été trop douloureux. Dire que pour les Français, l'Espagne est devenue, quelques années après, le pays des vacances, avec la Costa Brava, les Baléares, l'Andalousie ! Et cela, du vivant même de Franco ! Quand je suis morte, cela avait déjà bien commencé, et nul doute que cela a continué après !

Bien sûr, Esperanza et sa famille sont venues nous voir. Et puis, à Toulouse, nous habitions pour ainsi dire dans la capitale des réfugiés espagnols, dans un quartier surnommé « la petite Espagne », nous n'étions donc pas trop dépaysés ! Enfin si, quand même, mais les compatriotes étaient là pour nous parler du pays ! Il n'empêche, comme tous les réfugiés, nous avions perdu notre pays ! S'expatrier volontairement est une chose, le faire pour sauver sa vie ou sa liberté en est une autre.

Je n'ai pas vécu assez longtemps pour voir la fin du régime de Franco. Mais les cartes savent tout (enfin, c'est une bêtise, je sais!), donc je sais ce qui s'est passé ensuite, comment l'Espagne est redevenue libre et démocratique, membre de l'Union européenne, un pays auquel d'autres réfugiés venus d'Afrique veulent maintenant accéder, au péril de leur vie. Et il n'y a pas qu'eux ! En fait, au XXIe siècle, l'Espagne est un des pays qui attire le plus au monde. Au lieu de le quitter, comme autrefois, on y vient. Dans l'ordre décroissant, on y trouve des Marocains (près de 750 000), des Roumains, des Britanniques (plus de 230 000), des Chinois, des Italiens, des Colombiens, des Équatoriens, des Bulgares, des Allemands (plus de 110 000), des Ukrainiens, des Boliviens, des Français (95 000 et quelques), des Portugais, des Pakistanais, etc. La « Retirada » est bien loin !

# X

## Famille Moreno :
## le grand-père maternel

Bonjour, je me présente : Benjamin Calvo, né en 1890 à Oran, et décédé à Marseille en 1963.

Je suis – ou j'étais, puisque, après tout, je suis mort – d'une vieille famille juive de la ville. Vous vous doutez sans doute que j'ai dû faire la guerre de 14, et vous comprenez que j'ai fait partie des rapatriés d'Algérie. Voilà ! Vous savez tout de moi, du moins vous croyez.

En Algérie, j'ai travaillé dans le salon de coiffure de mon père, que j'ai repris à mon compte quand nous avons fait le partage de famille avec mes frères et sœurs. Un de mes frères était médecin, un autre dentiste, et une de mes sœurs était infirmière. Autrement dit, j'en suis resté au soin du cheveu, sans m'intéresser davantage au reste du corps. L'avantage était de pouvoir discuter avec un peu tout le monde, sans leur faire du mal, contrairement aux dentistes, par exemple.

On a beaucoup parlé des Juifs, de chaque côté de la Méditerranée. Je me sens donc obligé d'en parler à mon tour. C'est que ce mot a soulevé beaucoup trop de passions au cours des âges. Être juif, c'est faire partie d'une communauté culturelle, avoir une histoire en héritage, sans forcément pratiquer la religion qui lui est liée. Moi-même, je n'ai jamais été beaucoup pratiquant, moins que ma femme en tout cas. Autrefois, on aimait beaucoup parler des races, et donc de la supposée race juive. Je sais qu'aujourd'hui ce terme est heureusement tombé en désuétude, car selon la science il n'y a qu'une seule race humaine. Parler de plusieurs races humaines, c'est donc faire preuve, au mieux d'ignorance, au pire de racisme.

En Algérie, avant la conquête française, les Juifs vivaient comme les Arabes. Mais contrairement à ceux-ci, ils se sont ensuite davantage intégrés aux Français, même si les mariages mixtes restaient rares. En 1870, le décret Crémieux reconnaissait cela en leur accordant la citoyenneté française. Le régime de Vichy devait cependant la leur retirer en 1940. Nous fûmes déchus de nos droits – le droit d'étudier, de travailler, de vivre normalement. Inutile de dire que cela fut vécu comme une infamie, notamment par tous ceux qui avaient servi la France, souffert et combattu pour elle, au risque de leur vie ou de leur santé. Il y eut même des camps d'internement en Algérie ! Quand l'Algérie fut libérée, nous dûmes encore attendre presque un an avant de recouvrer notre citoyenneté, les hommes de Vichy restant en place, les autorités et les Américains craignant que le fait de donner des droits aux Juifs pousserait les musulmans à en réclamer à leur tour.

Lors de l'indépendance de l'Algérie, la plupart des Juifs – neuf sur dix – choisirent de partir pour la France, et non pour Israël. Après tout, notre patrie, c'était la France ! Certains sont par la suite partis pour Israël, mais pour ma part je ne me suis jamais posé la question. Du reste, je suis décédé quelques mois à peine après notre rapatriement.

Quitter l'Algérie fut un déchirement. En tant que Juifs, nous étions là depuis l'Antiquité, donc depuis bien plus longtemps que les pieds-noirs – la conquête française ne datait que de 1830, et ne devait durer que 132 ans à peine jusqu'en 1962. Mais peu importaient nos origines. Les pieds-noirs eux-mêmes étaient issus de divers pays. Dans notre ville, Oran, et à ses alentours, la population d'origine espagnole était importante. Les Français de souche et ceux d'origine italienne ou venant d'autres pays étaient plus au centre et à l'est de l'Algérie. Les Arabes, eux, étaient en Algérie depuis le VIIe siècle, alors que les Berbères y étaient déjà lors de la conquête romaine. Par leur nombre, les Arabes ont complètement marginalisé la population berbère, à laquelle ils ont aussi imposé leur religion. Alors, à qui était vraiment l'Algérie ?

Cela dit, tous les Juifs d'Algérie n'étaient pas là depuis l'Antiquité, loin de là ! Certains de mes ancêtres y étaient venus plus tard, depuis l'Espagne. S'il y a aujourd'hui peu de Juifs en Espagne – entre douze à dix-neuf mille – un Espagnol et un Portugais sur cinq a cependant des origines juives, et un sur dix des origines maures, selon une étude génétique. En 1492, l'année où Christophe Colomb débarquait en Amérique, les Juifs avaient dû se convertir au catholicisme ou fuir l'Espagne catholique. L'expulsion des Juifs marquait l'achèvement de la « Reconquista » : l'Espagne ne devait plus être aux mains ni des Maures ni des Juifs. Bien entendu, toutes les conversions ne furent pas sincères, et l'Inquisition s'acharna contre certains convertis. Quant aux Juifs chassés, ils furent persécutés pendant leur fuite. On raconte ainsi que des musulmans en éventrèrent certains pour extraire de leurs entrailles l'or qu'ils avaient avalé pour le cacher.

Pour ma part, je l'ai dit, la religion m'importait assez peu, mais j'étais lié malgré tout à la communauté juive. J'avais aussi sympathisé avec le Parti Communiste Algérien, avant qu'il ne se rapproche trop du FLN, le Front de Libération Nationale. J'avais eu la naïveté de croire en une Algérie française pluriethnique accordant à tous les mêmes droits. L'histoire ne devait pas me donner raison. L'indépendance de l'Algérie était en fait inéluctable, étant donné la domination numérique de la population arabe. Les Européens ayant refusé d'accorder à celle-ci des droits égaux, cela ne pouvait que mal se passer. En 1962, après l'indépendance de l'Algérie, sur un million de Français, 200 000 restaient encore sur place. Ils avaient trois ans pour choisir la nationalité algérienne ou le statut d'étranger. Dix ans plus tard, ils n'étaient plus que 50 000. La décennie noire, celle des années 1990, fit fuir presque entièrement le peu qui restaient. Selon la volonté de ses dirigeants, l'Algérie était devenue un pays uniquement arabe et musulman.

Entre la valise et le cercueil, ma famille et moi avons choisi la valise. Essayez de prendre la carte de mon épouse : elle vous en dira plus sur tout cela. Pour ma part, je préfère ne pas en dire davantage.

# XI

## Famille Moreno :
## la grand-mère maternelle

Bonjour, moi, je suis née en 1892 dans la région d'Oran, en Algérie, et je suis décédée en 1971 à Marseille. De mon nom de jeune fille, je m'appelais Judith Attias, et j'étais d'une vieille famille juive, pas bien riche, mais assez pratiquante. À l'époque, en Algérie, il y avait les Juifs autochtones, qui étaient là avant la colonisation française, et les autres, arrivés après celle-ci. Les premiers étaient en général plus pauvres, ou moins riches que les autres. Ma famille en faisait partie. J'avais appris le français, mais mes parents parlaient plutôt l'arabe et le judéo-arabe. Ils étaient très pratiquants, et m'avaient inculqué leur foi. Quand j'ai épousé Benjamin Calvo, qui était d'une famille plus aisée que la nôtre, je savais qu'il pratiquait un judaïsme plus libéral, ce qui avait d'ailleurs suscité les réticences de mes parents quant à notre mariage. Mais j'avais tenu bon, et nous nous étions mariés malgré tout. Par la suite, mon mari est devenu encore plus libéral, au point d'abandonner la plupart des rituels. Je dois avouer qu'il a eu une influence sur moi. Nous avons eu sept enfants : Rachel, Samuel, Ruben,

Sarah, Salomé, Élie et Benjamin. Benjamin était logiquement destiné à être le dernier, et ce fut bien le cas. Ruben est mort en bas âge, comme c'était encore trop souvent à l'époque. Rachel a, elle, eu un autre destin tragique. Essayez de récupérer sa carte pour le connaître. Ainsi va la vie depuis toujours, avec ses peines et ses joies. Nos autres enfants et leurs familles ont partagé notre sort de rapatriés lors de l'indépendance de l'Algérie, sauf Samuel qui habitait déjà à Marseille depuis longtemps.

Comme mon mari, j'ai connu la guerre de 14. Enfin, j'ai connu... Je ne l'ai pas faite, bien sûr, mais j'ai connu, j'ai vécu dans un pays qui a participé à l'effort de guerre, sur le plan matériel comme sur le plan humain. J'ai vécu l'absence de mon mari, l'attente mêlée de crainte et d'espoir, de souffrance mentale, et j'ai vu tout ce que l'Algérie a apporté à la victoire, notamment le prix du sang versé par tous les enfants de cette terre, les Européens chrétiens comme aussi les Juifs et les musulmans. Cette fraternité du sang versé n'a cependant rien changé par la suite, chacun a été tenu de rester à sa place, les musulmans comme les Juifs. Mais les Juifs étaient des citoyens français, au contraire des musulmans. Ceux-ci ont alors commencé à développer une conscience nationale, alors même qu'avec la guerre une première immigration maghrébine s'était développée en France.

Comme juive, j'ai aussi vécu l'antisémitisme en Algérie. Dans les années 30, le maire d'Oran, un ex-abbé, prêchait contre nous, et il n'était pas le seul. Le journal « Le Petit Oranais » portait la croix gammée dans son titre : c'est tout dire ! Les antisémites se réjouirent donc quand la citoyenneté française nous fut retirée en 1940 par les autorités de Vichy. Des milliers d'enfants ne purent plus aller à l'école d'où les enseignants juifs avaient été exclus, et des camps furent ouverts pour interner certains hommes.

Et puis les Anglo-Américains sont arrivés, combattus par les autorités françaises : il y eut des centaines de morts. Il fallut un certain temps pour que les hommes de Vichy soient définitivement écartés. Après presque un an, nous les Juifs, nous avons recouvré nos droits, tandis que les musulmans restaient considérés comme des « indigènes », alors même qu'ils voulaient que leurs droits soient reconnus. Certes, en 1944, ils obtinrent un peu plus de droits, mais trop peu selon eux. La dernière guerre leur avait en outre montré que la France n'était pas invincible. Le 1er mai 1945, jour de la fête du travail, il y eut plusieurs manifestations nationalistes, sévèrement réprimées. Le 8 mai, un défilé pour fêter la victoire était organisé à Sétif par les Européens. Une manifestation nationaliste était aussi organisée par les musulmans dans la même ville, en ce jour qui était aussi un jour de marché. Un jeune scout tenant un drapeau algérien fut tué par un policier. Poursuivis par les forces de l'ordre, des manifestants tuèrent des Européens. Cela entraîna des émeutes qui firent des milliers de morts. Ce fut le prélude à ce que l'on devait appeler bien plus tard la guerre d'Algérie, laquelle commença vraiment le 1er novembre 1954.

En 1958, De Gaulle prononça sa fameuse phrase : « Je vous ai compris ! ». Porté au pouvoir par les tenants de l'Algérie française, il décida cependant que pour en finir avec le problème algérien, il fallait négocier avec le FLN et laisser parler les urnes. Le putsch des généraux d'avril 61 ne put changer le cours de l'histoire. Face à plus de huit millions de musulmans qui n'avaient pas les mêmes droits que les citoyens français, et qui se sentaient humiliés, non sans raison, que pouvait faire le million d'Européens ? Certes, l'Algérie constituait trois départements français, donc c'était bien, selon les Français, une partie intégrante de la France. Mais la réalité des chiffres et des faits était bien différente de cette vision administrative.

Pour le pouvoir en place, comme l'Algérie, c'était la France, il n'était pas question de parler de « guerre ». On parlait plutôt d'« événements » ou de « troubles », et on censurait les journaux qui ne donnaient pas le bon son de cloche. Mais il s'agissait bien pourtant d'une guerre. Une guerre avec tous ses horribles massacres, ses actes de barbarie et de torture. Dans une guerre, nul ne sort indemne et pur. La violence fut de chaque côté. Il y aurait eu en tout un demi-million de morts. Du côté des musulmans, il y eut des actes de sauvagerie incroyables, y compris contre d'autres musulmans, avec des scènes macabres de mutilations, d'émasculations, et des égorgements publics. Et du côté des autorités françaises, il y eut notamment la torture. Avec la « gégène », les hommes avaient les oreilles et les testicules reliés à des fils électriques. Pour les femmes, les fils étaient introduits dans le vagin. Ou on tabassait les individus, on les suspendait avec les poignets attachés dans le dos, ou c'était la « baignoire », le supplice par l'eau, avant l'abandon en plein soleil, enfermés dans une cage. Qu'ils aient parlé ou non, les individus arrêtés étaient en général exécutés. On maquillait leur exécution en tentative d'évasion, ou on offrait leurs corps aux chacals, ou encore, les pieds coulés dans du béton, on les larguait depuis un hélicoptère en rade d'Alger. Ces méthodes furent ensuite enseignées aux dictatures latino-américaines, et même aux Américains au Vietnam, le tout avec la coopération des autorités françaises. On a, à raison, parlé d'une guerre honteuse, sans faits de gloire, contrairement aux deux guerres mondiales, mais avec ses taches indélébiles. Comme le massacre du 17 octobre 1961 à Paris : une manifestation interdite, à cause du couvre-feu, mais pacifiste, des musulmans sortis de leurs bidonvilles. Elle fut sauvagement réprimée, avec un nombre encore inconnu de morts. L'OAS, l'Organisation de l'Armée Secrète, fit également de trop nombreuses victimes. Et pour rien...

Par la suite, à cause des conflits entre l'État d'Israël et les pays arabes, on a eu tendance à opposer trop souvent les musulmans aux Juifs. Mais en Algérie, on s'entendait plutôt bien. Certes, le fait que seuls les Juifs aient obtenu des droits comme les Français nous a séparés, même si le racisme de certains Européens nous réunissait. Cependant, au moment de l'insurrection des musulmans, il nous a fallu choisir notre camp. La majorité a choisi le camp de la France. On connaît la suite... Dans notre famille, nous avons donc fait les valises, en prenant tout ce que nous avons pu. Même notre poste de télévision fut du voyage, malgré son encombrement. Face à l'afflux des rapatriés, les autorités françaises furent débordées, elles n'avaient pas anticipé que nous serions si nombreux à quitter l'Algérie. À Marseille, le maire ne voulait pas de nous, mais nous nous nous sommes quand même installés dans la région.

Je suis décédée en 1971, je vous l'ai dit, mais l'histoire était encore loin d'être écrite. En tant que carte, je connais donc la suite. Je connais le sort des rapatriés, comme celui des harkis. Il a fallu du temps pour réaliser l'intégration de tout un chacun. Pour les harkis, cela a été encore plus difficile. Massacrés ou stigmatisés en Algérie, mal accueillis en France, tout d'abord dans des camps dont certains avaient déjà accueilli des républicains espagnols ou des Juifs pendant la Seconde Guerre mondiale, avant leur fermeture des années plus tard, leur reconnaissance n'est venue qu'après ma mort, et encore, leur situation conflictuelle avec les Algériens s'est transmise aux générations suivantes, face aux immigrés algériens. L'Algérie continue de les considérer comme des traîtres, alors que la situation était beaucoup plus complexe. Du reste, l'Algérie indépendante s'est bâtie sur une politique de rancœur envers la France : un président français a pu parler d'une rente mémorielle basée sur une haine de la France. Décidément, on n'en finirait pas de parler de l'Algérie ! Mais, pour ma part, je ne peux oublier l'autre drame de ma vie, celui enduré par ma fille Rachel. J'ai préféré ne pas vous en parler, c'eût été trop douloureux. Voyez plutôt sa carte...

## XII

## Famille Moreno :
## le père

Bonjour, je me présente : Juan Moreno, né en Catalogne en 1910, et décédé en 1943 dans les circonstances tragiques de la guerre.

Le premier de la famille, je me suis retrouvé en France, à Marseille, mais moi, c'était avant même la guerre d'Espagne. J'y ai trouvé du travail, et rencontré l'amour. Elle s'appelait Rachel Calvo, et elle était belle comme le jour. Nous avons eu trois enfants : Marie, en 1933, Philippe en 1935, et Jeanne en 1937. Pour certains, c'était là une mésalliance, car Rachel était de famille juive, et moi de famille catholique. Mais l'amour ne choisit pas et ne se choisit pas, n'est-ce pas ?

Si j'ai émigré en France, c'était, bien sûr, pour avoir une vie meilleure. Comme je connaissais des compatriotes déjà installés sur place, à Marseille, cela a facilité mon intégration. J'ai vécu la guerre d'Espagne comme un déchirement : comment supporter de voir mon pays de naissance sombrer dans la violence la plus abjecte, tous s'entre-tuant sans pitié ? Mais je n'y pouvais rien ! Certains de mes compatriotes ont tout quitté pour aller se battre, mais moi, je ne pouvais pas abandonner ma famille, mon devoir était de rester auprès de miens, quitte à assister, impuissant, à la déroute des républicains que je soutenais de cœur, car comment ne pas prendre parti ?

Comme si cela ne suffisait pas, la défaite des républicains fut suivie par l'entrée en guerre de la France contre l'Allemagne. Je n'avais, bien sûr, aucune sympathie pour le régime nazi, mais je n'en avais aucune pour la guerre non plus ! La France d'alors était quelque peu xénophobe. Plus exactement, certains Français l'étaient beaucoup. Les étrangers, et donc les exilés républicains espagnols, n'étaient pas non plus du goût du régime de Pétain. Même si je n'étais pas vraiment un exilé républicain, puisque déjà installé en France avant même la guerre d'Espagne, je devais faire néanmoins profil bas, d'autant plus que mon épouse était juive. La « drôle de guerre » fut suivie de la déroute cuisante de l'armée française et, en 1940, le régime de Vichy édicta de son plein gré, devançant par là même les désirs allemands, un statut des Juifs pour leur interdire certaines professions. Ils n'avaient plus notamment le droit d'enseigner, ni de travailler dans la fonction publique. Le projet de loi fut annoté par Pétain lui-même pour le rendre plus dur encore. Les Juifs de France devenaient des citoyens de seconde zone. Leur situation était destinée à être de plus en plus précaire. Ce même régime avait aussi entrepris de retirer la nationalité française à des milliers de personnes l'ayant acquise les années précédentes. Ce n'était pas mon cas : j'avais la nationalité espagnole. Je ne m'en sentais pas moins indésirable.

Tout nous portait donc, ma famille et moi, à rester discrets, autant que possible.

Nous habitions alors dans le quartier du Vieux-Port. C'était un quartier populaire où cohabitaient des pauvres, des prostituées, des immigrés italiens, grecs, espagnols, arméniens, ou encore sénégalais. Un quartier surnommé « la petite Naples », qui était aussi le repère de résistants, d'opposants politiques, comme de la pègre marseillaise.

À partir du 22 janvier 1943 – six mois après la rafle du Vélodrome d'Hiver de Paris, le trop fameux « Vel' d'Hiv' » – et pendant plusieurs jours, des milliers de personnes furent raflées dans le quartier du Vieux-Port, et même, concernant les Juifs, au-delà. L'opération avait été décidée par les Allemands, en représailles aux attentats commis contre eux dans ce quartier réputé malsain et dangereux, les autorités françaises se chargeant des contrôles d'identité, des évacuations et arrestations : la collaboration dans toute sa perfection !

Il n'y avait pas de quoi plaisanter, cependant ! Le plan prévoyait rien de moins que la destruction du Vieux-Port, et l'arrestation de tous les indésirables. Les nazis avaient décidé d'en finir avec ce « chancre de l'Europe ». C'était à la fois plus et moins que pour le « Vel' d'Hiv' ». Plus, car il s'agissait de détruire ici tout un quartier, de le faire disparaître. Moins, car le nombre de déportés à Marseille fut bien moindre qu'à Paris. En outre, au « Vel' d'Hiv' », tout le monde avait été entassé, la nourriture manquait, il n'y avait pas d'hygiène, ni même d'humanité dans la captivité. Mais quelque part, dans les deux cas, l'horreur était la même, celle de considérer des êtres humains comme du bétail pour l'abattoir.

Autour de 12 000 policiers, gendarmes, de Marseille, de Paris et d'ailleurs avaient été mobilisés. Ce fut à cette occasion que fut prise la célèbre photo où l'on voit le trop fameux René Bousquet, secrétaire général de la police, tout sourire avec des officiers allemands. Quelque 20 000 personnes furent évacuées, et autour de 1500 immeubles furent dynamités. Cinquante rues disparurent. Surtout, quelque 6000 personnes furent raflées, et il y eut plus de 1600 déportés, dont la moitié de Juifs. Quelque 250 familles furent même raflées au petit matin, sans pouvoir emporter ni bagages ni vêtements. Les familles furent séparés sans ménagement, les vieillards et enfants pleuraient et grelottaient de froid. Chacun s'interrogeait, personne ne comprenait, c'était poignant. Tous les déportés durent s'entasser dans des bus ou tramways, puis, debout, dans des wagons à bestiaux pour prendre la direction de camps militaires à Fréjus où ils furent interrogés et triés. Ceux qui furent déportés partirent pour Compiègne, Drancy, puis dans des camps de concentration ou d'extermination, notamment celui de Sodibor.

Le camp d'extermination de Sodibor est célèbre, notamment parce qu'une révolte y eut lieu le 14 octobre 1943. Comme à Treblinka au mois d'août de la même année, ceux qui se sont révoltés savaient que, s'ils ne tentaient rien, ils étaient condamnés à mort. Comme à Treblinka, bien peu réussirent à s'échapper sans se faire prendre. Seulement quelque cinquante détenus survécurent finalement à la guerre après leur évasion.

Et nous, alors, les Moreno ? Rachel et moi étions seuls dans l'appartement ce jour-là. Nos enfants n'étaient pas avec nous : une chance ! Un ami et collègue nous avait persuadés qu'ils seraient mieux dans sa famille à lui, à la campagne. Depuis novembre 1942, la prétendue « Zone libre » n'existait plus, les Allemands occupant désormais toute la France. Le temps de voir venir, nous avait-il dit, nos enfants seraient plus en sécurité hors de Marseille. Nous avions hésité : c'était faire manquer l'école à Marie et Philippe. Mais la maîtresse de Marie avait été renvoyée, car elle était juive. Les circonstances étaient exceptionnelles, plus rien n'était de toute façon normal, aussi avons-nous donné notre accord. Cela leur a sans doute sauvé la vie.

Rachel et moi, nous fûmes arrêtés, interrogés, et vite séparés. Rachel étant juive, son sort était scellé. Mais moi ? Pourquoi m'arrêter ? En tant qu'étranger, j'étais indésirable. Et puis, les nazis avaient besoin de bras pour leurs sinistres besognes. Rachel et moi, nous ne devions plus jamais nous revoir, ni même avoir de nouvelles l'un de l'autre. Inutile de rappeler le convoi de la mort : Fréjus, Drancy, Sodibor, Auschwitz.

Pour Rachel, tout finit en effet à Auschwitz. Elle vous le racontera elle-même. C'est son devoir – aussi douloureux soit-il – de porter témoignage, elle le fera mieux que moi, qui ne peux que compatir pour tout ce qu'elle a souffert. Notre séparation fut un déchirement et, même si jusqu'à la fin j'ai gardé l'espoir de la revoir un jour, même si je la gardais dans mon cœur et mes pensées, même si cela m'a aidé à tenir le plus longtemps possible, la réalité devait être différente de mes rêves – de mes rêves les plus fous, comme de mes rêves les plus modérés.

Pour moi, ce fut Sodibor, un autre monde de cauchemar. Dès mon arrivée, j'ai dû me déshabiller, avec les autres hommes. Les femmes étaient à part. On devait donner notre argent et objets de valeur à un caissier. Nous étions censés les récupérer après la douche. Des gardiens expliquèrent aux vieillards et aux malades qu'on allait les mener à l'hôpital pour les soigner. On ne les a jamais revus. J'ai appris plus tard qu'ils avaient été au centre III pour être gazés ou abattus. Les enfants et nourrissons devaient subir le même sort.

Les SS et leurs complices ukrainiens redoublaient de violence. Les chiens s'en prenaient à nous, qui étions nus et vulnérables, et il y avait les cris, les coups, les tirs de revolver pour nous terroriser et nous faire avancer plus vite.

Comme d'autres, j'ai été sélectionné pour travailler, donc pour survivre. C'était le cas pour ceux qui étaient jugés assez vigoureux, ou qui avaient une expérience professionnelle pouvant être de quelque utilité. Peu après mon arrivée, j'ai appris ce qui s'était passé précédemment au camp : pour suivre l'ordre d'Himmler d'anéantir tous les ghettos juifs, la capacité des chambres à gaz avait été augmentée, elle était passée de trois à six, pour 1200 personnes. Il y eut alors des milliers de cadavres dans des fosses communes. Il fut décidé de les exhumer et de les brûler à l'air libre. Il faut dire qu'avec la chaleur, les fosses remplies de cadavres gonflaient, cela attirait les insectes et répandait une odeur pestilentielle. Cela risquait aussi de contaminer l'eau potable. Les cadavres furent donc retirés par une excavatrice, puis brûlés dans une autre fosse. Le feu se vit longtemps de partout, et l'odeur de chair humaine brûlée se répandit loin à la ronde.

Il ne faut pas croire que dans l'ensemble des camps nazis, tout avait été réglé parfaitement dès le début une fois pour toutes, de la chambre à gaz au four crématoire. Cela se fit progressivement, et les bourreaux furent souvent dépassés par le nombre de leurs victimes.

Quant à moi, j'ai survécu assez longtemps pour être encore là lors de la révolte du camp. Cette révolte avait été organisée, elle n'était pas spontanée. Mis dans la confidence, j'y ai participé. Nous étions armés de couteaux, de haches et de pelles. Nous nous en sommes pris aux SS et aux gardes ukrainiens. Malgré les coups de feu, j'ai réussi, avec d'autres, à ouvrir une brèche dans les barbelés et à m'enfuir. Mais il y avait encore des mines tout autour du camp ! L'une d'elles me fut fatale !

Sur les 550 déportés du centre, près de 320 réussirent à sortir, mais seuls une cinquantaine survécurent à leur fuite. Par la suite, les nazis éliminèrent presque tous les détenus, qu'ils aient participé ou non à la révolte. Ils firent démanteler le camp par des détenus juifs du camp de Treblinka, qu'ils fusillèrent ensuite. Le sol fut labouré, des pins furent plantés, et une ferme construite pour donner à l'endroit un aspect anodin. En vain : des traces du camp subsistaient et furent découvertes par l'Armée rouge en août 1944. Quelque 150 000 personnes auraient en tout péri à Sodibor, pour une cinquantaine de survivants. Le site fut ensuite abandonné, visité seulement par des pillards à la recherche d'objets de valeur. Depuis, il est devenu un lieu de mémoire.

Il y eut en tout trois révoltes dans les camps nazis : à Treblinka en août 1943, à Sodibor en octobre, et à Birkenau en octobre 1944. Mais la plus importante fut bien celle de Sodibor.

Je suis donc mort à Sodibor, mais je suis mort libre, après avoir brisé mes chaînes. Dans le feu de l'action, je crois que je n'y ai même pas pensé. De fait, j'étais plutôt simplement sur le chemin de la liberté, mais je n'ai pas pu aller jusqu'au bout. Et puis, la vie finit toujours mal : par la mort – d'une façon ou d'une autre.

Ne manquez pas de lire l'histoire de Rachel. Une autre histoire, une autre vie, mais tellement liée à la mienne ! Maintenant que nous sommes morts tous deux, ne permettez pas que notre souvenir disparaisse à jamais ! La barbarie ne doit pas être oubliée, au risque de réapparaître !

## XIII

### Famille Moreno :
### la mère

Bonjour, moi, c'est Rachel Calvo, je suis née en 1914 et morte en 1943. Si vous avez eu la carte de mon mari, vous savez que nous avons eu trois enfants : Marie, Philippe, et Jeanne. Vous savez aussi comment tout cela a fini, pour mon mari comme pour moi : mal, cela a fort mal fini.

Nous aurions pu mener une existence heureuse, je veux dire plus longtemps, mais les temps n'étaient décidément pas propices pour cela. Vous savez que nos enfants ont heureusement été épargnés : ce fut un grand soulagement dans l'adversité, et dans l'horreur des camps.

Mais comment comprendre toute cette barbarie, cette haine ? Qu'avions-nous fait pour mériter cela ? L'antisémitisme est certes une vieille histoire. À la fin du XIXe siècle et au début du XXe il y eut en France l'affaire Dreyfus. En Europe de l'Est, il y avait une tradition de pogroms. Dans les années 1930, la xénophobie et le racisme se portaient bien en France et ailleurs. Le fait d'être tant soit peu différent semble entraîner depuis toujours le rejet et la stigmatisation.

Pourtant, pour ma part, je n'attachais pas d'importance particulière au fait d'être issue d'une famille juive. Je pensais être une Française comme une autre. Je n'étais d'ailleurs pas vraiment pratiquante.

J'avais quitté l'Algérie avec mon frère Samuel. Lui, c'était parce qu'il voulait avoir plus d'opportunités pour son travail. Moi, c'était pour l'accompagner, pour découvrir l'autre côté de la Méditerranée. Et puis, je m'y suis plu, j'y ai aussi trouvé du travail, et j'ai décidé d'y rester. À l'époque, et dans ma famille, c'était encore osé, cela ne se faisait pas trop pour une jeune fille, mais j'ai pour ma part pleinement savouré mon indépendance et ma liberté – enfin, jusqu'au jour où j'ai décidé de les partager avec celui qui allait devenir mon mari, Juan.

Notre union franco-espagnole donna de magnifiques enfants aux prénoms bien français, prêts à devenir de bons citoyens, ouverts à différentes cultures. Mais ce n'était décidément pas dans l'air du temps – un temps où l'on attendait venir l'orage et les tourments.

Comme vous le savez sans doute, je n'ai pas vu grandir nos enfants. Quand j'ai été arrêtée, notre plus petite avait moins de six ans, notre plus grande, moins de dix, et notre fils moins de huit. Des enfants : que sont-ils devenus après ? Vivre, vieillir et voir vieillir, ce qui fait la vie, cela ne m'a pas été donné.

Contrairement à Juan, je fus envoyée à Auschwitz. Pourquoi cette différence de traitement ? Allez savoir ! Tous les autres allèrent plutôt à Sodibor, avec des exceptions quand même, dont moi. Malheureusement : je ne devais plus jamais revoir Juan. Quitte à mourir, j'aurais préféré mourir avec lui, ou dans le même camp, puisque les hommes et les femmes étaient toujours séparés.

Comment raconter l'indicible ? Éternelle question ! Ce que j'ai vécu, d'autres l'ont vécu : les convois avec les wagons à bestiaux, une centaine de personnes entassées, dans des wagons prévus pour huit chevaux, des personnes debout ou assises, emboîtées n'importe comment, avec une seule tinette pour tous, souvent renversée, pendant plusieurs jours qui n'en finissaient pas, avec de fréquents arrêts. Et la chaleur, le manque d'air, d'eau, la puanteur, les cris, les gémissements, les délires et les crises de folie, les morts …

Et à l'arrivée : le pyjama rayé des détenus déjà sur place, l'éclairage vif des projecteurs, l'aboiement des chiens, les odeurs de pourriture brûlée, et puis après, la faim, la soif, le manque de sommeil, les coups, les cris, les humiliations de toutes sortes, les violences sans raison – où était la raison ? Et le maladies : le typhus, la gale, et j'en passe. La perte de son nom, de son humanité aussi : chacune n'était plus qu'un numéro tatoué sur son corps, un numéro qu'il valait mieux savoir prononcer en allemand. Du moins pour celles qui n'allaient pas aussitôt à la douche transformée en chambre à gaz. Par manque de gaz, certains enfants furent même jetés directement dans un four crématoire. Mais même dans cette horreur, des enfants pouvaient naître. Les nourrissons étaient alors noyés sans pitié.

Au début aussi, l'inspection, toute nue, les jambes écartées pour voir si l'on ne dissimulait pas quelque chose, et cela parfois devant ses propres enfants qui n'avaient jamais vu leur mère ainsi. Et devant aussi un Allemand quelque peu goguenard... Et puis encore, la tête rasée, les vêtements que l'on nous donnait, remplis de poux, les couchettes en bois sur trois étages, où l'on était serrées à six, tête bêche, les yeux ou le nez dans les pieds sales du voisin, la maladie, la puanteur, des morts partout, la diarrhée générale, par manque de forces certains faisaient sur place et cela dégoulinait en-dessous... Avec le râle des mourants en prime. Aux latrines, tout le monde faisait ses besoins ensemble. Inutile de parler de leur état... Pour manger : une seule gamelle pour trois, quatre ou cinq, et sans cuillère. Certaines crachaient dedans, et il fallait manger après elles. Et puis, si l'on avait encore un peu de force après le travail, on passait son temps à tuer les poux.

Et encore : le réveil par une sirène à trois heures et demi, l'appel à l'extérieur dans le froid pendant des heures, immobiles – avec les morts et les malades, les effectifs n'étaient jamais ceux que les gardes attendaient, et il fallait sans cesse être recomptées. Et puis les haut-parleurs, les « schnell ! », «los ! », et autres « achtung ! », les gardiens, les kapos, les travaux, tous exténuants quand on n'a plus de forces, des travaux souvent incompréhensibles. Tout était incompréhensible : une détenue malade pouvait être soignée, puis être gazée dès le lendemain. Allez y comprendre quelque chose...

Et encore : la fumée qui obscurcissait le ciel en permanence, la boue, les vols, les privations : pour avoir quelque chose, une cuillère, des chaussures, il fallait se priver de pain pour pouvoir faire du troc. Tout cela sans oublier les avances sexuelles, il fallait se méfier de tout, de tous. Les femmes n'avaient plus leurs règles, celles-ci ne sont parfois revenues que plusieurs années après leur sortie des camps. Pas de douches non plus : on craignait trop ce que cela pouvait signifier.

J'ai vu et vécu tout cela. Combien de temps ? Les jours n'en finissaient pas, et l'on n'en voyait jamais la fin. Qu'espérer dans ces conditions ? Je m'accrochais malgré tout à l'espoir de revoir un jour les miens, mais je voyais bien que mes forces déclinaient. Un matin, je ne me suis pas réveillée : tout était fini pour moi.

Pour les survivantes, le retour à la vie normale fut difficile. Des milliers moururent dès qu'elles eurent un peu plus à manger. C'était trop d'un seul coup : leur corps ne put le supporter. Mais le plus dur, ce fut surtout l'incompréhension des autres, ceux qui n'avaient pas connu les camps, qui ne comprenaient pas, qui ne le pouvaient pas. Ou même qui ne s'intéressaient pas à tout cela. Alors, les anciennes détenues se turent, puisque personne ne les croyait ou ne voulait les écouter. Pour les hommes, ce fut pareil. Il y eut des suicides, même plusieurs années après. Ce ne fut encore que longtemps après que la voix des survivants des camps devint enfin audible. Des femmes, des hommes d'un grand âge portèrent alors leur témoignage dans des livres, ou à la radio et à la télévision, ou encore dans les écoles. L'indicible était enfin à raconter pour que nul n'oublie jamais. Les derniers témoins purent enfin parler, juste avant de mourir.

Quant à moi, c'est juste ma carte qui parle à ma place, puisque je ne suis plus. Écoutez-la, au nom de toutes et de tous ceux qui sont passés par là.

Écoutez aussi la chanson « Nuit et brouillard » de Jean Ferrat. « Nacht und Nebel» en allemand, ou NN : c'était le nom de code de directives issues d'un décret permettant la déportation de personnes représentant « un danger pour la sécurité de l'armée allemande ». Outre la chanson de Jean Ferrat, qui porte la marque des années 60 avec sa référence au fameux « twist », un film documentaire d'Alain Resnais est aussi à ce nom. On y voit ce qui reste des camps, un paysage désormais paisible, et des images d'archives des camps lors de la guerre : les corps nus décharnés, les squelettes, les crémations, les cheveux des victimes entassés pour être récupérés, leurs dents en or aussi. Le tout avec des commentaires sur les expériences médicales pratiquées sur des corps castrés, brûlés, amputés, empoisonnés, ou dont on voulait faire du savon. Et puis des images de la potence dressée, des bordels où des détenues étaient contraintes de se prostituer pour les kapos, une prison même, avec des cages où l'on ne pouvait se tenir que dans une position douloureuse.

La chanson de Jean Ferrat, dont le père, qui était de nationalité française et d'origine russe, fut déporté en tant que Juif à Auschwitz, où il mourut, rappelle tout cela :

Ils étaient vingt et cent, ils étaient des milliers,

Nus et maigres, tremblants, dans ces wagons plombés,

Qui déchiraient la nuit de leurs ongles battants.

Ils étaient des milliers, ils étaient vingt et cent.


Ils se croyaient des hommes, ils n'étaient plus que des nombres.

Depuis longtemps, leurs dés avaient été jetés.

Dès que la main retombe, il ne reste qu'une ombre.

Ils ne devaient jamais plus revoir un été.


La fuite monotone et sans hâte du temps,

Survivre encore un jour, une heure, obstinément.

Combien de tours de roues, d'arrêts et de départs,

Qui n'en finissent pas de distiller l'espoir.


Ils s'appelaient Jean-Pierre, Natacha ou Samuel.

Certains priaient Jésus, Jéhovah ou Vishnou.

D'autres ne priaient pas, mais qu'importe le ciel,

Ils voulaient simplement ne plus vivre à genoux.


Ils n'arrivaient pas tous à la fin du voyage.

Ceux qui sont revenus peuvent-ils être heureux ?

Ils essaient d'oublier, étonnés qu'à leur âge,

Les veines de leurs bras soient devenues si bleues.


Les Allemands guettaient du haut des miradors.

La lune se taisait comme vous vous taisiez,

En regardant au loin, en regardant dehors.

Votre chair était tendre à leurs chiens policiers.


On me dit à présent que ces mots n'ont plus cours,

Qu'il vaut mieux ne chanter que des chansons d'amour,

Que le sang sèche vite en entrant dans l'histoire,

Et qu'il ne sert à rien de prendre une guitare.


Mais qui donc est de taille à pouvoir m'arrêter ?

L'ombre s'est faite humaine, aujourd'hui c'est l'été.

Je twisterais les mots s'il fallait les twister,

Pour qu'un jour les enfants sachent qui vous étiez.


Ils étaient vingt et cent, ils étaient des milliers,

Nus et maigres, tremblants, dans ces wagons plombés,

Qui déchiraient la nuit de leurs ongles battants.

Ils étaient des milliers, ils étaient vingt et cent.

## XIV

## Famille Moreno :
## l'enfant

Bonjour, je me présente : Marie Moreno, plus connue comme Marie Fabre, puisque, comme cela se faisait généralement à l'époque, j'ai pris le nom de mon mari. Je suis née en 1933, et morte en...    Hop ! Je connais vos cartes : un tel ou une telle, né ou née en... et mort ou morte en... Mais, moi, je suis encore là ! Même si ma santé est quelque peu précaire ! Quant à m'appeler « l'enfant » dans votre jeu de cartes, avouez que, vu mon âge, c'est un peu déconcertant !

Vous connaissez, je pense, l'histoire de mes parents, sinon cherchez à prendre leurs cartes. Vous devez savoir que pendant la guerre, ils m'avaient placée, à la campagne, avec ma sœur et mon frère. Nous y avons vécu heureux, même si nos parents nous manquaient terriblement. Par la suite, il a bien fallu se rendre à l'évidence que nous ne les reverrions jamais.

Je garde un souvenir ému du Marseille de l'avant guerre, et de notre quartier du Vieux-Port, qui n'existe plus. Que de jeux on a faits dans ses ruelles ! On courait partout, on se cachait, on refaisait le monde. Au milieu de la rue, il y avait comme un cours d'eau qui descendait la pente : on y lançait des bateaux en papier, et c'était à celui ou à celle qui réussirait à l'envoyer le plus loin possible, comme les gros bateaux qui partaient du port, non loin de là. Mes copains venaient de partout : non seulement de France ou d'Algérie, mais aussi d'Italie, d'Espagne et d'ailleurs. Je me souviens ainsi de mon premier amoureux, un certain Jean Bortoluzzi. La vie nous a séparés, et ce n'est pas lui que j'ai épousé. Ainsi vont les amours enfantines... Je me suis marié à François Fabre, « FF » comme il aimait à signer. Un amour de mari, avec qui j'ai eu trois enfants : Pierre, Jean et Luc. Chacun s'est marié et a eu des enfants, qui ont eu eux-mêmes des enfants. Nous avons eu sept petits-enfants et, au décès de mon mari, nous avions cinq arrière petits-enfants. Trois autres sont nés depuis, et ce n'est pas fini.

C'est la diversité qui règne dans ma grande famille : outre ce que l'on appelle les Français de souche, il y a toutes sortes d'origines, de religions même. Cela a commencé chez mes propres enfants. Pierre, l'aîné, nous a surpris en décidant de pratiquer le judaïsme, alors même que nous n'étions pas religieux dans la famille. Je me souviens d'un livre écrit par une ancienne déportée, un livre intitulé « Dieu était en vacances ». Comment croire en Dieu après Auschwitz, après tout ce qu'a connu sa grand-mère ? D'où le titre du livre. La foi est un mystère quand on ne l'a pas. Jean, lui, avait épousé une catholique pratiquante, tandis que Luc n'est pas croyant. J'ai parlé de Jean au passé, car il est décédé dans un accident de la route, au début des années 70, des années très meurtrières sur la route. Il y avait beaucoup moins de protections que maintenant, pas même de ceintures de sécurité : la route tuait beaucoup plus qu'aujourd'hui, alors même qu'il y avait bien moins de voitures. Comme quoi, l'humanité peut s'améliorer.

Comment croire en Dieu, comment croire en l'homme après tous ces drames ? Revenons à la guerre. Sur 78 000 Juifs français déportés, seuls 2500 sont revenus. On nous dit que beaucoup de Juifs ne furent pas arrêtés en France, moins qu'ailleurs, en proportion de leurs effectifs. S'il est vrai que des Français en sauvèrent un certain nombre, il était aussi plus facile de se cacher dans un pays comme la France, plus que dans des pays plus petits, comme la Belgique ou les Pays-Bas. Dans certains coins perdus à la campagne, on n'a même jamais vu l'ennemi pendant la guerre.

L'horreur de la guerre, ce ne fut pas que les camps. Il y eut aussi la « shoah par balles », ainsi que des tragédies ici et là. À Oradour-sur-Glane, en juin 1944, 800 malheureux furent tués. Et parmi les tueurs, il y avait des Alsaciens. Des jeunes, abrutis par la guerre. À Tulle, précédemment, on avait pendu des personnes aux balcons.

Tout cela, c'est du passé, dites-vous, et les Alliés firent aussi des victimes innocentes, comme à Dresde ou Hiroshima. Certes, la violence entraîne la violence, mais le passé est toujours présent, et l'homme apprend peu de l'histoire. Depuis 1945, il y a eu d'autres génocides et d'autres guerres. En Europe même, l'éclatement de la Yougoslavie a entraîné un chaos qui n'est pas encore fini. Et puis, la Russie de Poutine s'en est prise à la Géorgie et à l'Ukraine.

Comme en France, il y avait eu en Ukraine des personnes favorables aux nazis. Des Ukrainiens étaient ainsi à Sodibor parmi les gardiens. Mais d'autres Ukrainiens étaient aussi dans des camps parmi les détenus. Les extrémistes ont existé de tous temps, hier comme aujourd'hui. La croisade de Poutine contre les nazis et contre l'Occident qu'il dit dégénéré, avec ses homosexuels et ses personnes qui changent de sexe, cache mal son désir de ressusciter la grande Russie, impériale, gardienne selon lui des valeurs de la civilisation chrétienne orthodoxe. On se leurre souvent soi-même : Poutine n'a pas compris qu'il se trompait de cible. Le problème de la Russie, c'est sa démographie, et non quelques $km^2$ de plus ou de moins. Il est assez ironique de voir le pays le plus grand du monde chercher encore à s'agrandir. La population russe diminue, comme celle d'autres pays d'Europe, et c'est là le défi à relever : comment gérer cela, pour que cela n'entraîne pas le déclin de ces pays. Loin de résoudre ce problème chez lui, Poutine l'a aggravé, des milliers de Russes ayant fui le pays ou étant morts à la guerre.

Mais passons ! À mon âge, la géopolitique n'est plus pour moi ! Je laisse volontiers cela aux plus jeunes, je préfère penser à ma nombreuse famille, et à mes morts. Après les tragédies subies par mes parents, et malgré les guerres ici et là, je préfère aussi parler d'espoir. L'espoir que l'humanité finira un jour par être un peu plus sage, plus raisonnable. Puisse ma carte porter en elle cette espérance. Ce sera mon mot de la fin.

## XV

### Épilogue

Il faisait froid ce premier jour de l'hiver. Sandrine, l'aide-soignante qui s'occupait de l'aile nord du bâtiment, entra dans la chambre de Marie de bonne humeur : Marie était une personne charmante, et c'était toujours un plaisir d'aller chez elle. Certes, ces temps-ci, Marie allait beaucoup moins bien, mais elle demeurait cependant encore de bonne compagnie, contrairement à nombre d'autres pensionnaires.

Sandrine s'arrêta net : sur le lit, à côté de Marie, Jean, un autre pensionnaire, était couché auprès d'elle, et tous deux se serraient la main. C'était surprenant, cela ne se faisait pas, cela ne s'était jamais fait, même si rien ne l'interdisait en principe. Quelqu'un l'avait-il remarqué ? Dormaient-ils ? Sandrine s'approcha pour vérifier. Tout était si tranquille... Elle tapota la joue de Marie, puis celle de Jean. Aucune réaction. Elle prit alors leur pouls, et dut se rendre à l'évidence : ils étaient tous deux morts pendant la nuit.

Cela se passait à l'EHPAD « Les grands chênes ». Un de ces EHPAD, ou Établissements pour Personnes Âgées Dépendantes, qui fleurissent partout pour les personnes en fin de vie. Marie était décédée des suites de sa maladie. Quant au cœur de Jean, il n'avait pas tenu le coup. Sentant sa fin venir, Marie avait demandé à Jean de rester auprès d'elle. Ils s'étaient endormis en paix. Juste avant de mourir, Marie avait eu ses dernières douleurs, elle avait à peine fait un peu de bruit, ce qui avait réveillé Jean. Face au départ de Marie, à sa disparition, son absence définitive, il s'était laissé aller, s'abandonnant sans résister à l'appel de la mort. Comme s'il avait demandé à son cœur de s'arrêter.

Marie et Jean ne s'étaient pas reconnus tout de suite : avec le temps, ils avaient quand même changé ! Mais en se parlant, ils s'étaient souvenus, reconnus, et à nouveau plu. Une nouvelle sorte d'amitié était alors née entre eux, faite de souvenirs communs, et de tant d'années de l'autre à découvrir, de tant d'années de soi-même à partager.

Ainsi s'unissaient à jamais les destinées des deux familles d'un jeu de cartes, les Bortoluzzi et les Moreno. Une union sans autre postérité que celle de leur amour et de leur souvenir. Marie et Jean furent enterrés chacun dans sa famille, chacun près de son légitime défunt.

Tout finit-il ainsi ? Il eût été difficile de finir ce livre par un « Ils se marièrent et eurent beaucoup d'enfants ». Ou par une fin à la « Roméo et Juliette ». Point de Montaigu ni de Capulet ici !   Pour autant, chaque vie humaine qui disparaît est un livre de souvenirs qui se dissout dans la poussière. Sauf si le défunt laisse derrière lui des souvenirs, des marques de son passage sur terre.

Que retenir alors de ces familles, de ces histoires, de ce jeu de cartes, de ce livre ?

Revenons tout d'abord à cette histoire d'entonnoir. Après tout ce que nous avons vu, reposons la question : la vie est-elle un entonnoir ? La réponse ne change pas : la vie est un entonnoir, car comme celui-ci, elle va inexorablement vers sa fin, qui est toujours la même, la mort, représentée par le bout de l'entonnoir. Mais avant, il y a la vie, et l'on a vu que des hommes et des femmes ont pu modifier un destin tout tracé, regagnant ainsi un espace de liberté. Sombrer dans le fatalisme serait contraire au sens même de la vie qui incite chacun à améliorer sans cesse son sort et à agrandir tant qu'il le peut ses espaces de liberté, plutôt que de laisser glisser sans réagir vers le trou final. Certes, l'âge, la santé, l'argent, les obligations familiales, professionnelles ou sociales, imposent leurs contraintes, mais tant qu'il y a de la vie, il y a de l'espoir ! Les jeux ne sont jamais faits, jusqu'au dernier moment chacun a toujours une carte à jouer...

Dans ce livre, il a trop été question de guerres et d'inhumanité. Pourtant, l'histoire, ce n'est pas que cela. On aurait pu raconter d'autres histoires, celles de ces personnes qui ont aidé ou secouru des personnes dans le besoin, des réfugiés, des immigrés – alors que d'autres ajoutaient le malheur au malheur, en dépouillant, en agressant ou en violant des personnes déjà frappées par la misère. Chaque vie est unique, pleine de moments de joie, de paix, de colère, de violence et de stupidité. Faut-il vraiment de tout pour faire un monde ? De la cruauté comme de la bonté ?

Les statistiques sur la violence dans le monde incitent à l'optimisme – contrairement à ce que l'on pourrait croire. Les médias préfèrent les mauvais chiffres, le sensationnel et le sordide qui font vendre. Mais les faits sont là : le monde est moins violent qu'autrefois. Et l'humanisme progresse, faisant reculer le racisme et la xénophobie – même si la vigilance reste de rigueur. Si l'on avait décalé de quelques années l'âge de naissance des personnages de ce livre, tout eût été différent : les enfants qui naissent aujourd'hui – et même ceux qui sont nés depuis de nombreuses années maintenant – ont des parents et des grands-parents qui n'ont participé à aucune guerre.

Pour autant, des progrès restent encore à réaliser. La violence dont sont capables certaines personnes laisse sans voix. Il y a, bien sûr, les guerres, les attentats islamistes, les agressions du quotidien. Mais non seulement. En France même, lors de manifestations, on voit trop souvent des bâtiments saccagés, dont des bâtiments publics, des écoles, des commerces, des établissements de santé, on voit aussi des voitures et des bus brûlés, le tout causant des préjudices pour des millions d'euros. Des préjudices qui frappent des personnes innocentes, qui auront plus de mal pour se déplacer ou qui se retrouveront même au chômage ou en faillite. Des préjudices qui devront au final être compensés par tous, que ce soit par les assurances ou les impôts. Surtout, on a même vu de véritables tentatives d'assassinat contre les policiers, qui font un métier difficile, contre des maires dévoués au bien public, et même des attaques contre des pompiers en pleine action pour porter secours à la population. S'il peut exister des bavures policières, rien ne justifie de telles violences – même si, comme on l'a vu en 2023, un jeune a pu être tué par la police dans des circonstances douteuses restant à clarifier. La justice relève des tribunaux, non de la rue, et elle a besoin de temps et de paix. Du reste, les responsables de ces violences qui, cette année-là, ont créé en France des scènes de guerre civile, avaient un âge médian de 17 ans, et profitaient du prétexte de la colère pour casser et piller. Ils utilisaient aussi des mortiers d'artifice contre les forces de l'ordre et se servaient des réseaux sociaux pour coordonner leurs actions et créer l'émulation entre eux en partageant les vidéos de leurs méfaits. Une de ces vidéos montrait des jeunes riant en regardant un bus brûler – un bus spécial offrant des dépistages de santé gratuits aux femmes. Un bus qui avait sauvé des vies. Lamentable... Comme de s'attaquer aussi à un Resto du cœur, ou brûler des voitures un 31 décembre, juste pour s'amuser. Ce fut à juste titre que leur violence suscita l'indignation de la population. La même année, lors des grèves contre la réforme des retraites, ou avant, lors des manifestations des Gilets jaunes, des casseurs avaient également causé pour des millions d'euros de dégâts. De quoi mettre en faillite ou désespérer de nombreux commerçants... Ce n'était pas nouveau : en 2005, l'état d'urgence avait même été déclaré à la suite d'une série d'émeutes dans les banlieues.

Pourquoi ces violences ? On a beaucoup parlé de celles causées par les « black blocs », des individus masqués vêtus de noir qui viennent après les défilés pacifistes des grévistes dans l'intention délibérée de faire de la casse, mais il y a aussi les violences faites par des personnes, le plus souvent jeunes ou très jeunes, issues des quartiers défavorisés. Dans ce dernier cas, ce n'est pas les justifier que de reconnaître que la vie de ces personnes est plus difficile que celle des classes aisées, tant pour les jeunes que pour leurs parents qui ont de faibles revenus, peuvent être au chômage, et avoir moins de facilités pour éduquer leurs enfants. Tous peuvent vivre dans des quartiers peu sûrs, soumis aux trafics de drogue, et subir diverses discriminations. Après les émeutes de 2005, des centaines de quartiers ont été rénovés, mais selon les populations concernées cela n'a pas suffi pour améliorer les conditions de vie. Des efforts considérables restent encore à accomplir pour résoudre ces problèmes, notamment en luttant contre le chômage des jeunes et pour leur formation. Force est de constater aussi qu'en France le lien a été rompu entre la police et certains jeunes qui haïssent tout ce qui représente l'autorité. L'abandon de la police de proximité n'a pas arrangé la situation. Cela repose aussi la question des moyens mis en œuvre pour l'intégration de ces populations, dont beaucoup sont issues de l'immigration. Nous y reviendrons.

Vu de l'étranger, la France apparaît trop souvent comme un pays en révolution permanente, voire en guerre civile quand les casseurs s'en mêlent. Même de façon moins violente, au lieu d'une tradition de dialogue social, la tradition est aux grèves qui paralysent le pays et qui compliquent considérablement la vie de personnes qui n'y peuvent rien. Signalons cependant qu'en cas de décès causés par la police, des actions violentes ont aussi eu lieu dans d'autres pays, notamment en Angleterre en 2011, et en 2020 aux États-Unis, après le décès de George Floyd.

Pour en revenir aux périodes de guerres de ce livre, et spécifiquement à la Shoah, certains ont voulu nier son existence. On appelle cela le négationnisme — un terme qui peut aussi concerner d'autres génocides. Il pose la question de la vérité en histoire. Comment connaître la vérité ? Ce que l'on croit est-ce la vérité ? Qu'en est-il de nos opinions, de nos certitudes ? Comment, réellement, savoir ?

Tout d'abord, rappelons qu'une croyance n'est pas une connaissance. On oublie trop souvent que notre cerveau est manipulable, et que des biais cognitifs peuvent fausser notre jugement. Nos sens peuvent nous tromper. Les pseudo-sciences, les gourous et adeptes des théories du complot se parent souvent des attributs de la science pour propager des affirmations qu'ils érigent en dogmes. C'est le domaine du paranormal et des médecines alternatives, du sensationnel, très médiatique et vendeur. La science, elle, ne recherche pas ce qui plaît, elle ne recherche que la vérité des faits. Elle se base pour cela sur une méthode qui essaie d'obtenir le consensus des scientifiques, afin de s'approcher, autant qu'il se peut, de la vérité. Même si elle ne peut avoir réponse à tout, même si la vérité d'aujourd'hui peut être un jour remise en cause, car il n'y a pas de dogmes, pas de vérités éternelles et inébranlables en science. C'est en tout cas cette liberté qui permet à la science de s'approcher de la vérité. Les dogmes, les vérités révélées ferment pour leur part tout débat, en rejetant tout doute. La zététique, ou l'art du doute, consiste au contraire à douter comme il faut : non par un doute systématique, mais par un doute constructif qui demande de rechercher la vérité en utilisant pour cela la méthode scientifique.

À la base de cette dernière, il y a une théorie émise par un chercheur. On parle ainsi de la théorie de l'évolution, de la théorie de la relativité, et ainsi de suite. La théorie permet ensuite de faire une prédiction. Celle-ci est testée par une expérience. L'observation de ce qui se passe lors de l'expérience permet de valider, de rejeter ou de modifier la théorie. Plus l'expérience est répétée par plusieurs personnes, plus on s'approche du consensus scientifique. Le phénomène observé est quant à lui expliqué par une hypothèse qui, pour être valable, doit être réfutable : elle doit permettre des expériences qui la confirment ou l'infirment. Si ces expériences sont impossibles, on est dans le domaine de la foi, des dogmes, des croyances sans preuves ou, tout simplement, de l'indémontrable.

Qu'en est-il de l'histoire ? Elle ne peut pas faire l'objet d'expériences, et ne peut donc pas faire partie des sciences expérimentales. Pour autant, peut-on la considérer, d'une autre façon, comme une science ? On parle, à juste titre, de sciences humaines et sociales, et l'histoire en fait partie. L'historien se doit d'être impartial et d'utiliser une méthode objective de critique des sources dont il dispose. Il doit les analyser dans le même esprit, en s'aidant autant que possible des sciences expérimentales. Pour la chronologie, il peut ainsi souvent s'appuyer sur la datation au carbone 14. Enfin, il doit soumettre ses études à la critique de ses pairs, comme cela se fait pour les autres sciences.

Les négationnistes, et autres manipulateurs de l'histoire, utilisent, eux, des méthodes malhonnêtes, comme sélectionner ou écarter des documents, afin d'étayer leur thèse propre. De même qu'il existe des pseudo-sciences, il existe ainsi des pseudo-histoires. De nombreux pays sanctionnent le négationnisme. En France, la loi Gayssot de 1990 vise à condamner la contestation publique de la réalité, l'intention délibérée de falsifier les faits. Le mensonge délibéré devient ainsi délictuel s'il offense et devient une menace à l'ordre public, une incitation à la haine. En aucun cas, cette loi n'entrave cependant la recherche historique honnête.

Dans ce livre, il a aussi été beaucoup question de migrations. La question suscite les passions depuis longtemps : faut-il davantage les réglementer, les interdire ou, au contraire, ouvrir davantage les frontières ? Et comment mieux intégrer les immigrés et enfants d'immigrés déjà installés en France ? Comment réagir face aux milliers de morts en Méditerranée, dans la Manche, aux Canaries ? Les migrants ne cherchent qu'à vivre mieux : n'est-ce pas le droit fondamental de tout un chacun ? N'est-ce pas le sens même de la vie ?

La protection des réfugiés politiques n'est pas, ou ne devrait pas, être en cause. Elle est garantie par la Déclaration universelle des droits de l'homme, article 14 : « Devant la persécution, toute personne a le droit de chercher asile et de bénéficier de l'asile en d'autres pays. »

Qu'en est-il pour la majorité des migrants, celle des migrants économiques ? La Déclaration traite aussi des droits économiques et sociaux. Article 22 : « Toute personne, en tant que membre de la société, a droit à la sécurité sociale ; elle est fondée à obtenir la satisfactions des droits économiques, sociaux et culturels indispensables à sa dignité et au libre développement de sa personnalité, grâce à l'effort national et à la coopération internationale, compte tenu de l'organisation et des ressources de chaque pays. »

Ou encore l'article 25 : « Toute personne a droit à un niveau de vie suffisant pour assurer sa santé, son bien-être et ceux de sa famille, notamment pour l'alimentation, l'habillement, le logement, les soins médicaux ainsi que pour les services sociaux nécessaires ; elle a droit à la sécurité en cas de chômage, de maladie, d'invalidité, de veuvage, de vieillesse ou dans les autres cas de perte de ses moyens de subsistance par suite de circonstances indépendantes de sa volonté. »

Que faire si ces droits ne sont pas garantis dans son propre pays ? La Déclaration ne prévoit pas la même protection que celle de l'article 14 pour les réfugiés politiques. Au demeurant, il pourrait être parfois difficile de définir quand ces droits ne sont pas garantis. On pourrait souvent considérer qu'ils ne sont pas garantis dans de très nombreux pays. Que faire alors ? Devrait-on ouvrir en grand les portes aux migrants ? Il va de soi que cela susciterait des réticences, du rejet. On peut aussi comprendre qu'un pays veuille conserver son identité. On a ainsi pu parler de seuils de tolérance. De plus, d'énormes efforts restent encore à faire pour mieux intégrer les immigrés ou enfants immigrés déjà installés en France. En ajouter compliquerait une situation déjà bien compliquée. D'un autre côté, l'Europe se dépeuple, tandis que l'Afrique voit sa population augmenter. La globalisation de l'économie ne peut que multiplier les échanges. Les migrations sont-elles alors inéluctables ? L'humanité est une, mais elle a de nombreuses histoires. Comment concilier tout cela ?

Les migrations ont toujours existé. Nos ancêtres venaient d'Afrique, et l'Europe a connu de multiples invasions venues de l'est, du nord et du sud. Seul, l'ouest ne l'a pas envahi : au contraire, avec la colonisation c'est l'Europe qui est partie à la conquête de l'Amérique et d'autres pays du monde. C'est une ironie de l'histoire : alors que des Européens se plaignent des migrations vers l'Europe, c'était autrefois l'Europe qui envahissait le reste du monde. D'autre part, avant l'instauration des États-nations, les frontières fermées n'existaient pas, il n'y avait donc pas vraiment de migrations irrégulières. Tout dépendait du cours des conflits. La création de vraies frontières, voire de murs, a changé le problème.

Le philosophe Emmanuel Kant avait élaboré la conception de deux droits pour l'humanité. Tout d'abord, le droit de visite : notre planète étant un bien commun, tout d'être humain devrait être libre d'y aller et venir librement. Ensuite, le droit de résidence : notre planète étant divisée en États qui ont la responsabilité de les gérer au mieux des intérêts de leurs concitoyens, les États ont aussi le droit de définir qui peut s'installer chez eux, et selon quelles modalités. Chaque État doit en effet tenir compte de ses ressources, donc de son économie, ainsi que de l'opinion de sa population. Dire cela, c'est pour certains poser la question de l'identité nationale qui serait menacée par une immigration massive. Pour s'en tenir au seul cas de la France, les immigrés musulmans ou africains d'aujourd'hui seraient, nous dit-on, moins assimilables que les immigrés italiens, polonais ou espagnols d'hier – tous européens et catholiques. En fait, l'identité nationale a déjà changé, que ce soit en France, ou ailleurs. Les sociétés changent sans cesse d'identité, et les mentalités évoluent. En 1945, quel Allemand aurait pensé avoir un jour une femme pour chancelière, comme ce fut longtemps le cas, quel Britannique aurait imaginé avoir pour Premier ministre un homme issu d'une famille origine indienne, et hindou de surcroît ? Ou des Français voir des mosquées être construites en France ? Le rôle des États est alors d'accompagner ce changement, et de contribuer à faire évoluer les mentalités. L'idéal serait forcément que le changement se fasse progressivement, en douceur, mais ce n'est pas toujours possible. Chaque État doit alors s'adapter rapidement à la nouvelle situation. Au début des années 60, la France a ainsi dû accueillir des centaines de milliers de réfugiés venus d'Algérie, qu'elle aurait préféré laisser de l'autre côté de la Méditerranée Une vingtaine d'années auparavant, il y avait eu les réfugiés espagnols, non désirés eux non plus.

Les migrants sont aujourd'hui partout. Même en Islande, pays à l'écart de tout et au climat plutôt rude, où le tourisme est essentiel à l'économie : les autochtones ne veulent pas faire certains métiers, comme ceux de la restauration, trop mal payés selon eux. Ils font donc appel aux migrants.

En France, craindre un prétendu « grand remplacement » de la population par une autre, c'est cependant simplifier la question. La population change sans cesse, aujourd'hui plus qu'hier certes, mais nul ne peut dire ce que sera la France dans un siècle ou deux. La natalité est encore importante en Afrique, mais elle baissera. Elle a baissé en Afrique du Nord, et ailleurs. Le développement des pays les moins avancés contribuera à tarir les flux de migrants, qui ne demanderaient pas mieux que de rester chez eux. La majorité des migrants africains ne migre d'ailleurs que vers d'autres pays africains. En attendant, les autorités ont le devoir d'intégrer les populations issues de l'immigration, passée et présente. Il faut aussi limiter les flux migratoires pour mieux intégrer les migrants. Cela passe par la coopération avec leurs pays de départ, et l'éducation des jeunes aux valeurs républicaines, dont la fraternité et la laïcité. La tâche est rude, surtout en France avec sa tradition révolutionnaire. La mort d'un jeune peut y occasionner des nuits de violences. Quand bien même ledit jeune ne serait pas irréprochable, il devient un martyr et, au lieu de laisser la justice agir, certains préfèrent se venger en cassant tout, ou utiliser ce prétexte pour cela. Entre le malaise des banlieues et celui des personnes issues de l'immigration ou de milieux défavorisés, beaucoup reste à faire pour apaiser le climat. Lors de ces manifestations, ceux qui commettent ces violences croient s'en prendre au gouvernement (quel qu'il soit, ils sont contre). Ils ignorent ce que c'est que d'être vraiment persécuté.

Pendant ce temps-là la Chine, par exemple, persécute ses minorités, notamment les Ouïghours. Un cas parmi d'autres, et qui suscite peu de critiques. Le commerce et la géopolitique passent avant tout... Quel rapport ? Aucun peut-être, sauf la volonté de certains États, comme en Europe hier, quand elle rejetait des personnes pour des motifs racistes, de vouloir configurer ce que doit être leur citoyen modèle. Là, il y a peut-être un lien. Les Ouïghours ne sont pas des immigrés, puisque ils sont chez eux. Les Chinois qui les envahissent veulent rééduquer ceux qui ne sont pas comme eux : un peuple musulman non han, apparenté aux Ouzbeks, et parlant une langue turque. Mais les Chinois ne sont pas non plus ici des immigrés, juste des colonisateurs. Les problèmes migratoires révèlent décidément de multiples facettes.

Un chinois, c'est aussi un ustensile de cuisine utilisé pour filtrer les sauces ou le thé. Il est généralement de forme conique, et ressemble alors à un entonnoir – mais sans le bout de celui-ci. Le chinois a de multiples petits trous, tandis que l'entonnoir n'en a qu'un, mais un gros. La vie est-elle alors un chinois, plutôt qu'un entonnoir ?

Restons-en plutôt au seul entonnoir !

# Sommaire

Un avis, une critique ?

Tous les commentaires sont les bienvenus, que ce soit sur les sites de vente en ligne, sur les sites de bibliophiles, ou sur les réseaux sociaux.

*Sous le nom d'Opticon Tessour :*

**Tout cela a-t-il un sens ?**

Comprendre la vie, le monde et l'histoire
grâce aux... poissons rouges !

Comment expliquer le monde qui nous entoure, ce tourbillon de vie qui entraîne tout ce qui existe ? Pourquoi la vie ? Pourquoi la mort ? Tout cela a- t-il un sens ? Opticon Tessour, le chercheur français mondialement inconnu, formé dans les plus grandes universités comme Cambridge et Harvard, dérange les mythologies, les religions et la théologie, la philosophie, l'histoire, la science et la littérature pour tenter d'expliquer l'inexplicable. Dans un style limpide comme l'eau de pluie que traverse l'arc-en-ciel un jour d'été, il dévoile enfin le pourquoi du comment du sens de l'histoire. Et cela, grâce à ses poissons rouges ! Ceux-ci, pourtant muets comme des carpes, nous donnent ensuite leur point de vue, ou du moins celui d'Opticon Tessour lui-même qui, s'étant assoupi dans son spa après un repas bien arrosé, s'est vu en poisson rouge. Opticon Tessour a alors tout compris : le Big Bang, la naissance des atomes, puis celle des poissons rouges, leur vie mouvementée, leur destin singulier, et partant celui de l'Univers entier.

Les poissons rouges peuvent-ils nous apprendre à être heureux comme des poissons dans l'eau ? Ou simplement à nous imprégner de leur ineffable sérénité ? Voici un livre pour en être persuadé. C'est en tout cas l'opinion qu'Opticon Tessour partage avec lui-même. Cela peut avoir du sens, et puis l'histoire ne devrait pas finir en queue de poisson ! Afin de tirer le meilleur parti de ce livre, il ne vous sera pas nécessaire de vous mettre dans la tête d'un poisson rouge, ni de demander à votre poisson rouge préféré des explications si vous ne comprenez pas tout, mais peut-être qui sait si entre lui et vous, les similitudes ne sont pas plus grandes qu'escompté ? Dans ce cas, les réponses données à vos poissons rouges ou par les poissons rouges seraient aussi les vôtres, et vous pourriez alors comme eux nager dans leur apaisante sérénité...

*Le livre d'Opticon Tessour*
*« Tout cela a-t-il un sens ? » (558 pages)*
*est vendu en ligne sur les sites comme*
*Amazon, la Fnac, Cultura, Lireka, Leslibraires, etc.,*
*au prix de 18,99 euros en version papier et 2,99 euros*
*en version numérique.*

## Le cri du poisson rouge

Le cri du poisson rouge ? Mais quel peut être ce cri, puisque les poissons, rouges ou non, sont tous muets comme des carpes ? La nature de ce cri, c'est ce que ce livre vous propose de découvrir, ainsi que plusieurs anecdotes concernant les poissons, rouges ou non. Des anecdotes qui en disent aussi beaucoup sur le genre humain lui-même.

Opticon Tessour, le célèbre auteur de *Tout cela a-t-il un sens ?,* signe ici un livre qui fera date pour qui s'intéresse aux poissons, rouges ou non.

À sa demande, Joël Carobolante, trésorier honoraire de l'Association ataraxique des amis des animaux aquatiques et des amphibiens, a accepté bien volontiers de préfacer cet ouvrage.


*Le livre d'Opticon Tessour*
*« Le cri du poisson rouge » (104 pages)*
*est vendu en ligne sur les sites*
*comme Amazon, la Fnac, Cultura, etc.,*
*au prix de 5,99 euros en version papier*
*et 2,99 euros en version numérique.*

## Élisez-moi à l'Élysée !

Opticon Tessour vous demande de l'élire à la présidence de la République dans ce livre qui présente le candidat, ainsi que son programme, pour l'élection de... 2037 !

Ce n'est pas qu'Opticon Tessour s'y prenne en avance, c'est que l'action de ce livre se situe en 2033. Pourquoi 2033 ? L'auteur veut sans doute anticiper sur lui-même, être en avance sur son temps. Allez savoir...

En tout cas, tenez-vous prêts, informez-vous, lisez donc le livre d'Opticon Tessour dès maintenant !

Ce livre est la transcription d'un entretien accordé par l'auteur à Pierre Pratlong, du journal « Le cri du poisson rouge ».

*Le livre d'Opticon Tessour*
*« Élisez-moi à l'Élysée ! » (112 pages)*
*est vendu en ligne sur les sites*
*comme Amazon, la Fnac, Cultura, etc.,*
*au prix de 5,99 euros en version papier*
*et 2,99 euros en version numérique.*